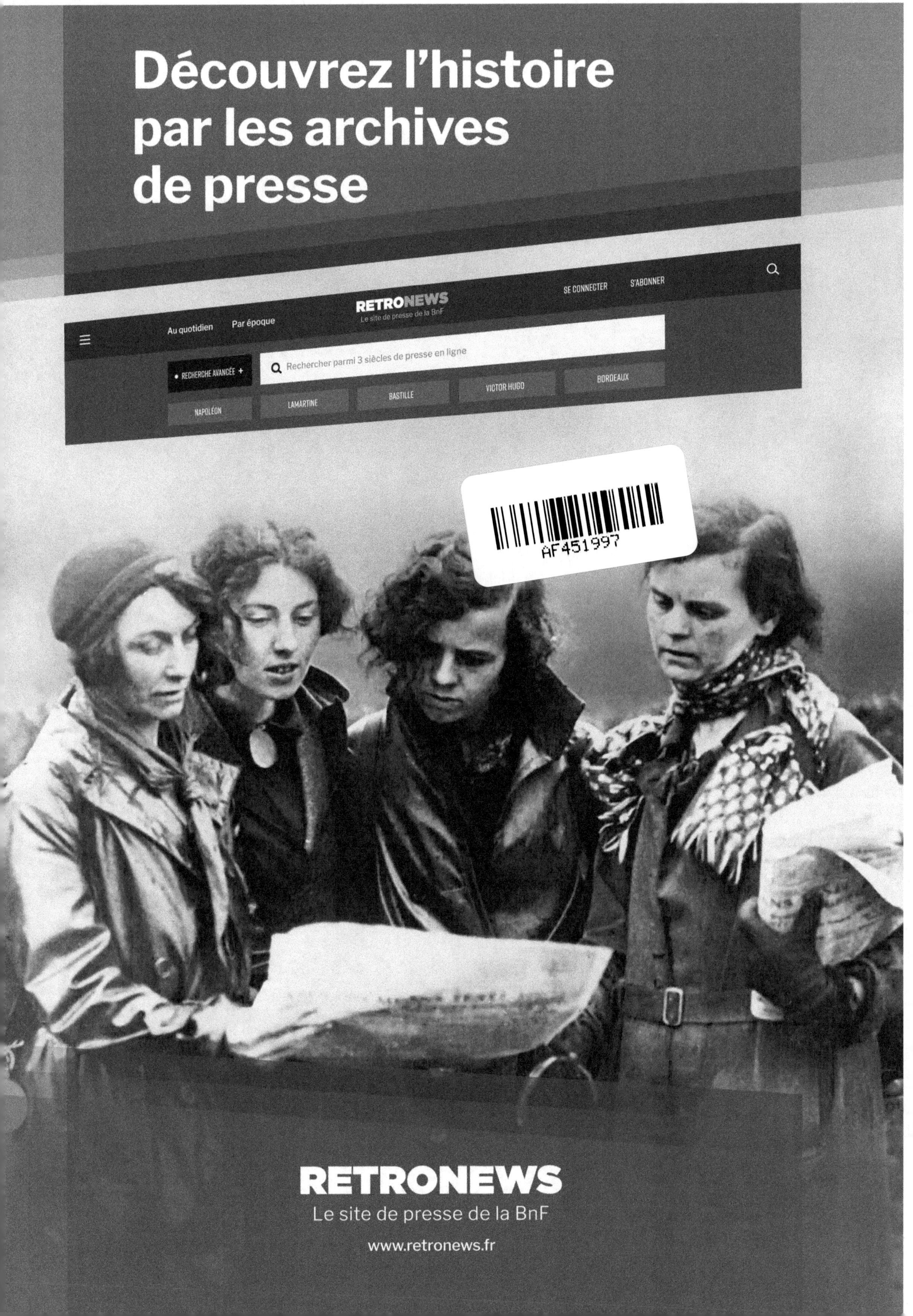

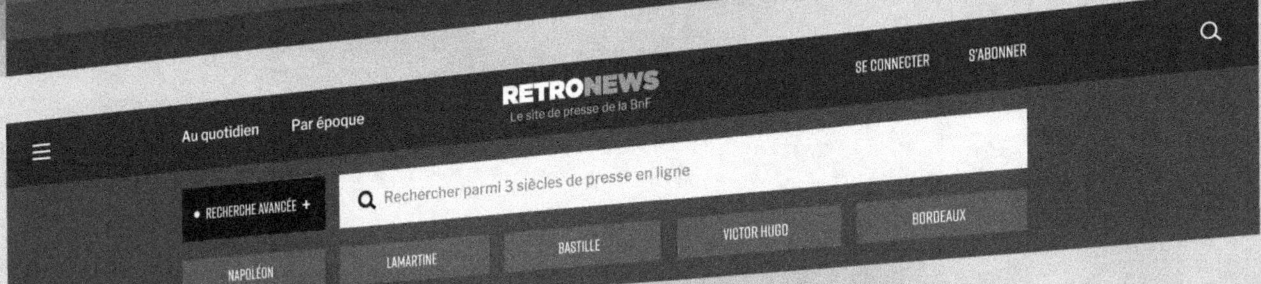

Découvrez l'histoire par les archives de presse

RETRONEWS

Le site de presse de la BnF

www.retronews.fr

PREMIÈRE ANNÉE. — N° 1   **10** Centimes   SAMEDI 27 OCTOBRE 1888

LA LANTERNE
JAPONAISE

BUREAUX   PARAISSANT LE SAMEDI   *ABONNEMENTS*
75, Rue des Martyrs,   *Directeur* : **JEHAN SARRAZIN**   1 an, 7 fr. · 6 mois, 4 fr.

Entrée triomphale de Jehan Sarrazin à Montmartre

ENTRÉE TRIOMPHALE
DE JEHAN SARRAZIN
A MONTMARTRE

Montmartre est dans l'allégresse et le Moulin de la Galette chante réjouissance, car le Moulin de la Galette et Montmartre comptent un chevalier de plus.

Après avoir répandu, du nord au sud de la grande cité parisienne, ses incomparables olives, le sieur Jehan Sarrazin, gonfalonier de la rue de la Tour-d'Auvergne et taïkoun du 18ᵉ arrondissement, vient d'être nommé grand de Montmartre et chevalier de l'Elysée, ce qui lui donne le droit de rester couvert devant Rodolphe Salis.

Jehan Sarrazin, désormais gouverneur du *Divan Japonais,* a fait son entrée dans la cité libre, revêtu du costume des samouraïs, les sabres au flanc, la seille d'olives au poing, entouré de tous les grands dignitaires de la contrée.

Une jeune Japonaise appartenant à l'ambassade lui a offert un bouquet de fleurs d'or, et il a été reçu et armé chevalier par la fille cadette du Moulin de la Galette.

Après quoi, ayant remercié l'assistance dans un langage fleuri, et fait donner des aumônes aux pauvres; après avoir courbé le genou devant le Doyen de la Butte sacrée, distribué le ruban des réjouissances aux filles du district et donné l'accolade au R. P. Lefort, son précepteur, Jehan Sarrazin s'est rendu triomphalement en son domaine, au son de la marche nationale du *Vermouth-Grenadine,* et aux cris mille fois répétés de *Vive Sarrazin! Vive Montmartre!*

Robert de Maxéville.

VUE SUR LA COUR

La cuisine est très propre et le pot-au-feu bout
Sur le fourneau. La bonne, attendant son troubade,
Epluche en bougonnant légumes et salade;
Ses doigts rouges et gras avec du noir au bout,
Trouvent les vers de terre entre les feuilles vertes.
On bat des traversins aux fenêtres ouvertes.
Mais voici le pays. Après un gros bonjour,
On lui donne la fleur du bouillon; leur amour
S'abrite à la vapeur du pot, chaud crépuscule...
Et je ne trouve pas cela si ridicule.

Charles Cros.

LES FRAISES

Ils s'étaient levés de grand matin pour aller cueillir la fraise dans les bois et, depuis le matin, ils folâtraient sous la futaie, s'embrassant à chaque pas jouant à cache-cache derrière les buissons, s'arrêtant pour écouter le chant des rossignols, le gazouillis des mésanges et la narquoise chanson du coucou.

Dans les passages difficiles, il ouvrait la marche et elle le suivait toute rouge et toute ébouriffée sous son grand chapeau de paille, retroussant ses jupes jusqu'aux jarretières, heureuse de vivre, de rire et de gaminer à son aise.

Elle portait les fraises dans un petit panier, et chaque fois qu'elle en découvrait de nouvelles, c'étaient des cris de joie, des exclamations à n'en plus finir : « Oh ! viens donc voir... encore deux ! encore trois !... »

Parfois la prenant par la taille, la bouche dans les frisons du cou, il lui adressait une requête qu'on ne pouvait entendre... Mais chaque fois qu'il venait ainsi la prier, elle répondait :

— Non ! il n'y en a que trente-neuf ! — ou bien, il n'y en a que quarante-deux ! tu sais ce que j'ai dit : pas avant la centaine, et, se renversant sur elle-même, elle éclatait de rire et battait des mains comme une petite folle.

Longtemps, ils marchèrent ainsi, faisant retentir les échos d'alentour de leurs propos joyeux et de leurs chansons. Tous les oiseaux du voisinage étaient émerveillés de leur jeunesse et de leur gaieté, et l'on se pressait sur les arbres afin de mieux les voir passer.

Il y avait bien trois heures qu'ils avaient quitté le cottage, et certes ils n'avaient pas fait moins d'une lieue lorsque tout à coup elle cria :

— Ça y est! ça y est! il y en a cent!

— Ah! répondit-il, ce n'est pas malheureux! Je croyais que je n'y arriverais jamais...

Alors, ayant étendu leurs mouchoirs sur la mousse et s'étant débarrassés de leurs chapeaux, ils s'assirent gentiment côte à côte sur les rameaux parfumés d'un chèvrefeuille en fleurs.

Lorsqu'ils furent confortablement installés, elle l'embrassa et dit :

— J'ai mangé les cent premières, à toi de manger les cent secondes; va! cela te fera du bien et te donnera des forces pour accomplir ta mission...

Ce disant, elle lui présenta le panier en ayant soin d'y prendre sans être vue deux petites fraises qu'elle avala prestement.

Lui se mit aussitôt à l'œuvre et, en moins de cinq minutes, le panier fut expédié.

— Eh bien, fit-il, lorsqu'il eut terminé sa collation, eh bien, méchante, me refuseras-tu encore à cette heure ?

— Oui, répondit-elle, car tu n'as mangé que quatre-vingt-dix-huit fraises...

— C'est trop fort!

— Je te le jure... je t'en ai volé deux et je les ai avalées; tu n'avais qu'à mieux me surveiller, voilà tout!

— Est-ce possible? fit-il avec consternation.

— Oui, répondit-elle. Mais, fort heureusement, la chose est réparable...

Alors, l'œil brillant de désirs, elle dégrafa d'un mouvement d'impatience son corsage d'indienne et, s'approchant tout près de lui, elle fit jaillir sous ses lèvres ses deux seins de neige, au sommet desquels fleurissaient deux fraises incomparables.

Jehan Sarrazin.

SUR UN BOUQUET

Je vous envoie un bouquet que ma main
Vient de trier de ces fleurs épanies ;
Qui ne les eût à ce vespre cueillies,
Cheutes à terre elles fussent demain.

Cela vous soit un exemple certain
Que vos beautés, bien qu'elles soient fleuries,
En peu de temps seront toutes flétries,
Et, comme fleurs, périront tout soudain.

Le temps s'en va, le temps s'en va, ma dame ;
Las ! le temps non, mais nous nous en allons,
Et tost serons étendus sous la lame.

Et des amours desquelles nous parlons
Quand serons morts, n'en sera plus nouvelle.
Aimez-moi donc, ce pendant qu'estes belle.

Pierre de Ronsard.

SOLEILLÉE

J'ai trouvé ce matin le soleil dans ma chambre.

Les rideaux avaient bien dit : « On ne passe pas ! Vous allez la réveiller... » Mais le soleil a répondu : « Laissez donc ! Je la connais... Je vous dis que c'est urgent... Il faut absolument que je la voie ! » Et il est entré.

Le soleil était partout. Il s'était accroché aux cadres des tableaux, aux angles des meubles, aux étoffes appendues, aux flambeaux et aux brimborions de l'étagère. Il avait habillé les statuettes de vermeil et noyé le miroir de lumière. Il s'était glissé jusque dans le satin de ma courtepointe...

Je me suis levée, et il rendait ma chemise si transparente, que je crus n'en pas avoir. Et il rendait ma peau si douce que j'avais envie de la baiser...

Je me suis lavée et il s'est joué dans l'eau claire, la transformant en une corbeillée de diamants. Je me suis peignée et j'ai cru que je caressais la chevelure d'une comète.

Je me suis assise à la fenêtre, ma broderie entre les mains, mais l'aiguille ne marchait pas. Il me semblait qu'on m'embrassait sur le front, sur les joues, sur les lèvres et dans le cou, parmi les cheveux frisés.

Et peu à peu une chaleur très douce m'a envahie ; j'ai entendu une chanson, je ne sais plus laquelle, dont le refrain me berçait lentement ; et je suis restée là, les yeux à demi fermés, presque pâmée, la tête tendue vers le grand astre rutilant.

J'ai trouvé ce matin le soleil dans mon cœur.

Blednoir.

INTERMÈDES

Deux Anglais, fatigués d'avoir visité tous les monuments de Paris dans la journée, sont installés aux fauteuils d'orchestre de la Comédie-Française.

A l'entr'acte :

— Sortez-vous ? demande le premier...

— Oh ! no... fait l'autre tranquillement... je suis déchaussé.

L'oncle Thomas est gravement malade.

— Je veux le voir, je veux le voir ! dit son neveu.

— Impossible, monsieur, répond la gouvernante ; la moindre émotion peut le tuer raide !

— Raison de plus ! s'écrie le neveu... « égaré par sa douleur ».

Au cercle.

Les pontes se racontent leurs prouesses au baccara :

— Moi, dit un joueur, il y a trois jours, avec mon dernier louis, j'ai fait venir six cents francs.

— Moi, riposte B... d'un air mélancolique, hier soir, avec mes derniers cent sous, j'ai fait venir un fiacre pour me ramener chez moi !

X..., dont la réputation d'avarice n'est plus à faire, a un duel.

Ignorant absolument le maniement de l'épée, il se rend chez un maître d'armes et le prie de lui exposer une botte secrète.

Après deux heures de leçon, X... remet deux francs au prévôt.

— Deux francs ! s'écrie celui-ci. Mais vous êtes un homme mort !

— Hein ? murmure X... inquiet.

— Comment ! vous ne savez pas vous *fendre* mieux que ça ?

Variations sur la température.

Un Gascon et un Marseillais se racontent réciproquement leurs voyages, cent fois plus extraordinaires que ceux de Jules Verne.

— Moi, dit le Gascon, je suis allé dans un pays où il faisait si chaud, que les poules y pondaient des œufs durs !

— Et moi, renchérit le Marseillais, c'est encore bien plus fort. Il faisait tellement froid dans le pays où je suis allé, que les poules n'y pondaient que des œufs à la neige !

C'était vers les derniers moments de l'Empire.

Un personnage influent était sollicité par une dame en faveur d'un magistrat ambitieux.

— Mon protégé désirerait, disait la dame, passer de la magistrature debout, où il végète depuis plusieurs années, dans la magistrature assise.

— A-t-il des titres à faire valoir ?

— Oui, il est très fatigué !

DIVAN JAPONAIS

75, rue des Martyrs

CONCERT TOUS LES SOIRS — MATINÉES DIMANCHES ET FÊTES

PROGRAMME DU 26 OCTOBRE AU 2 NOVEMBRE

LA PETITE HENRY
Prodige de 10 ans
Dans ses imitations de Sarah Bernhardt, Judic, Déjazet, Gil-Naza, etc.

M. NOEL
Gobino-Gobiné — Demoiselle à marier — A travers Paris — Ma famille
Les Deux frères — La Légende du potache

Mmes RIVOIRE
Ce que je l'gobe c'pierrot-là — Les Réformes de la colonelle — Ernest, ne parle pas

LUCIANY CADAS
Il a z'un plumet — C'est Mélina — Le Régiment du cotillon

SAPHO
Les Orphéonisses — La comtesse Paméliska — Il gobe la forte chanteuse

ALICE VAUTIER
Le Brosseur du colonel — Va plus haut que ça — Quand Arthur voyage

MM. CLERVILLE
Article pour Dames — Le Père la Victoire — Le Flagrant délit — Le Picton du Bas-Meudon

BOURGERY
Les Mollets d'Eglantine — La Boiteuse — Un amour de carnaval — Flanelle et coton

PERRIER
La Noce en plein vent — Derrière la musique militaire — La Bouillabaisse

RODOLPHE
C'est Vendémiaire — La Terre — Visite à Ninon

MARCELIN
Si j'aurais su — Sale goss', va! — L'Infirmier de Mézidon

INCESSAMMENT

LE PRIX DE BEAUTÉ
actualité en 1 acte
Le premier rôle sera rempli par le premier prix de beauté de Spa.

Le 1er Novembre, rentrée du

PETIT DANTE
Le Prodige parisien et de sa sœur Miss Berta
(duos divers)

A l'Etude :

TOUT MONTMARTRE Y PASSERA
Revue de fin d'année par l'élite des auteurs montmartrois.

LE CHAT NOIR
Organe des intérêts de Montmartre

LE PLUS CURIEUX
ET LE PLUS AMUSANT DE TOUS LES JOURNAUX HEBDOMADAIRES
ILLUSTRÉS

Dessins des meilleurs artistes

LE PIERROT
PARAISSANT TOUS LES VENDREDIS

*Est le seul qui publie chaque semaine 2 dessins de Willette
le jeune maître si goûté du public parisien*

PREMIÈRE ANNÉE. — N° 2   **10** Centimes   SAMEDI 3 NOVEMBRE 1888

LA LANTERNE

JAPONAISE

BUREAUX
75, Rue des Martyrs, 75

PARAISSANT LE SAMEDI
Directeur : **JEHAN SARRAZIN**

ABONNEMENTS
1 an, 7 fr. · 6 mois, 4 fr.

FAUX BOND

— Madame pourra toujours pas dire que je n'l'avais pas prévenue !...

AU SON DES TROMPES

Le sieur Jehan Sarrazin, gonfalonier de la rue de la Tour-d'Auvergne, a l'honneur de faire savoir aux habitants de Montmartre, Montrouge, Montparnasse, Paris et à ceux des provinces circonvoisines que, par la volonté du Parlement, avec l'autorisation du Président de la République et l'assentiment du docte Sénat, il installe ses dieux familiers en son nouveau palais du *Divan Japonais*, 75, rue des Martyrs.

Le sieur Jehan Sarrazin invite ses concitoyens, vassaux et autres, ainsi que leurs dames, épouses ou concubines, à le venir voir en son nouveau séjour afin d'y boire frais, de s'y divertir et d'assurer l'éternel salut de leurs esprits et de leurs corps, en dégustant dans des vaisselles d'or et de vermeil, la trois fois dive olive, princesse inamovible des productions de la nature.

Le sieur Jehan Sarrazin avertit le peuple de Paris et des alentours, qu'ayant été promu au grade de Lieutenant-Général de son Bon Plaisir, il a donné les ordres les plus sévères pour que la moindre mélancolie soit pourchassée à plus de deux mille lieues au delà des bornes de son domaine. En conséquence, les personnes affligées de soupirs, tristesses, préoccupations, ou mauvaises humeurs, seront impitoyablement expulsées de son château, découpées en tranches et expédiées dans les archipels, par le plus prochain paquebot de la Compagnie Transocéanique des Sandwichs polynésiens.

Les individus munis d'un accent allemand authentique seront descendus avec mille précautions au fond d'une oubliette profonde de septante-neuf mètres et demi où ils ne recevront pour toute nourriture qu'un petit pain pour 4, tous les 11 jours, et d'où ils ne pourront être extraits que sur la requête d'un de leurs parents, décédé depuis 20 ans au moins

Il sera défendu de parler politique sous peine d'une amende pouvant varier de 5 centimes à 8.000 dollars selon la position, le caractère et les antécédents du coupable.

Le sieur Jehan Sarrazin fait savoir au peuple de la banlieue, qu'il n'a rien négligé pour que ses clients puissent dignement se rafraîchir selon leurs goûts et leurs caprices. Les liqueurs et les boissons les plus variées seront mises à la disposition du public, moyennant des sommes quelconques, diverses ou relatives, depuis l'exquise bière de Maxeville jusqu'au vin champenois le plus rare, à l'exception cependant de l'apéritif généralement appelé ipécacuana, lequel sera rigoureusement prohibé.

Grâce aux plus prodigieux sacrifices et aux plus exorbitantes combinaisons, le sieur Jehan Sarrazin s'est assuré le concours des plus hautes célébrités contemporaines afin de contribuer au delà de leurs vœux les plus exagérés à l'amusement de ses concitoyens, fussent-ils célibataires, moines ou entrepreneurs de pompes funèbres.

En outre, il s'engage à faire chaque semaine de nouvelles surprises à ses habitués, à renouveler pour eux les enchantements des Mille et une Nuits; en un mot, à reculer au gré de leur fantaisie les bornes de l'impossible, du vertigineux et de l'incroyable.

Désireux de perpétuer la joie et le rire dans la contrée et de grouper autour de lui le public le plus élégant et le plus choisi des cinq parties du monde, le sieur Jehan Sarrazin, entouré des célébrités les plus fameuses de l'ancien et du nouveau continent, donnera au public un spectacle chaque jour plus rare, plus désopilant et plus excentrique.

Le sieur Jehan Sarrazin poussera enfin la fantaisie jusqu'à se montrer personnellement en public, muni des divers agréments dont l'a gratifié la nature, et il daignera prendre une part active aux conversations les plus hétéroclites.

Sur quoi, ayant solennellement juré sur la loi de remplir son devoir fidèlement, il signe la présente proclamation en saluant ses concitoyens.

JEHAN SARRAZIN.

L'HEURE VERTE

Comme bercée en un hamac,
La pensée oscille et tournoie
A cette heure où tout estomac
Dans un flot d'absinthe se noie.

Et l'absinthe pénètre l'air,
Car cette heure est toute émeraude.
L'appétit aiguise le flair
De plus d'un nez rose qui rôde.

Promenant le regard savant
De ses grands yeux d'aigues-marines,
Circé cherche d'où vient le vent
Qui lui caresse les narines.

Et vers des dîners inconnus,
Elle court à travers l'opale
De la brume du soir. — Vénus
S'allume dans le ciel vert pâle.

CHARLES CROS.

TIO CURRO

Il y avait une fois un homme qui vivait gaiement sans penser au lendemain, et comme dépenser, devoir et ne pas payer c'est le chemin de l'hôpital, notre homme se trouva enfin sans le sou, n'ayant par mois que trente jours et pour manger que les ongles. Quand il n'apportait rien à la maison, sa femme le battait et ses enfants lui disaient des injures, tellement qu'il s'abrutit. Il demanda à un camarade de lui prêter une corde, et s'en alla dans les champs pour se pendre. Il attacha la corde à un olivier, et il allait la passer à son cou, quand il aperçut un lutin, vêtu en religieux, qui lui dit :

— Homme ! que vas-tu faire ?

— Me pendre, ne le voyez-vous pas ?

— Comment ! toi, chrétien, tu vas faire ce que fit Judas ? Sors de là, car ce n'est pas bien. Prends cette bourse qui jamais ne se vide, et remonte-toi.

Notre homme prit la bourse, en tira un douro, puis un autre, puis un autre, et vit qu'elle était comme les femmes, de la bouche desquelles sortent des paroles et encore des paroles pendant toute l'éternité, sans qu'elles s'épuisent jamais. Cela vu, il détacha la corde, la roula, et prit le chemin de sa maison. En route, il trouva une auberge où il entra, et commença par demander à manger et à boire de tout ce qu'il y avait, payant sur-le-champ, car l'aubergiste, qui avait de l'expérience, n'osait pas risquer une si grande abondance de vivres. Le voyageur mangea et but tant qu'il tomba ivre sous la table et y resta plus endormi que les morts en terre sainte.

L'aubergiste, qui avait entendu que la bourse de son hôte ne se vidait jamais, dit à sa femme d'en faire une semblable, enleva à l'oncle Curro la sienne, et lui mit dans la poche celle que sa femme venait de fabriquer.

Aussitôt que l'oncle Curro se réveilla, il se mit en route et arriva chez lui plus gai qu'un jour de soleil.

— Réjouissez-vous ! cria-t-il à sa femme et à ses enfants : voilà de l'argent en abondance, les misères sont finies.

Il mit la main dans sa bourse et la retira vide ; il l'y mit de nouveau, mais que pouvait-il en tirer ? En voyant cela, la femme entra dans une telle colère qu'elle l'accabla de coups.

Plus désespéré que jamais, l'oncle Curro prit la corde, et alla se pendre. Il arriva au même endroit que la première fois, et attacha la corde à l'olivier.

— Que vas-tu faire, chrétien ? lui dit le lutin qui lui apparut à cheval sur l'olivier.

— Me suspendre ici, comme un paquet d'ail au plafond d'une cuisine, répondit à voix basse l'oncle Curro.

— Comment ! la patience te fait défaut une seconde fois ?

— Si je n'ai pas de quoi manger ?

— C'est ta faute, c'est ta faute, mais... Allons ! prends ce manteau avec lequel il ne te manquera jamais de quoi manger.

Le lutin lui donna un manteau et disparut parmi les branches.

L'oncle Curro étendit le manteau sur le sol, et il ne l'avait pas plutôt déployé qu'il le vit se couvrir de mets plus fins les uns que les autres ; le cuisinier du roi n'aurait pas pu les accommoder aussi bien !

L'oncle Curro, après s'être rassasié jusqu'à n'en pouvoir plus, plia son manteau et retourna chez lui.

Dans l'auberge, il fut pris de sommeil, et se coucha pour dormir. L'aubergiste, qui le reconnut, soupçonna qu'il portait quelque chose de bon, et lui enlevant adroitement son manteau, lui en mit un autre à la place. Quand l'oncle Curro arriva chez lui, il cria à sa femme et à ses enfants :

— Allons, allons, mangeons ! cette fois, c'est à mes dépens que vous vous régalez.

Il déplia alors son manteau qui, au lieu de vivres, était couvert de taches de toutes grandeurs et de toutes couleurs.

Ah ! malheur ! la mère et les enfants tombèrent sur lui et le laissèrent presque mort.

L'oncle Curro prit la corde et alla se pendre.

Il voulait en finir, mais le lutin, qui n'était pas de cet avis, lui donna une baguette, en lui promettant qu'avec elle, il serait toujours en repos, et qu'il n'avait qu'à dire : *Baguette, emporte-toi,* pour que tous se missent à courir et le laissassent tranquille.

Notre homme prit le chemin de sa maison avec sa baguette, plus fier qu'un alcade avec sa verge de justice, et aussitôt qu'il vit accourir les enfants, lui demandant du pain avec des injures, comme ils voyaient faire à leur mère, il se mit à dire: *Baguette, emporte-toi,* et la baguette administra une belle volée de coups aux enfants. La mère accourut à leur secours et l'oncle Curro dit: À elle, baguette, à elle, ferme ! et la baguette la frappa tellement qu'elle la tua.

On avertit la justice, et l'alcade se présenta avec ses alguazils : *Baguette, emporte-toi,* dit l'oncle Curro, dès qu'il les vit ; et la baguette fit pleuvoir sur eux de si forts horions que chacun valait un coup de fouet du bourreau, tant et si bien que l'alcade en mourut, et les alguazils prirent une course telle que la terre fuyait sous leurs pas.

On envoya un exprès au roi pour l'avertir de ce qui se passait, et le roi envoya un régiment de grenadiers pour s'emparer de l'oncle Curro. A peine celui-ci les aperçut-il, qu'il dit : *Baguette, emporte-toi,* et il la jeta au milieu des rangs. Elle exécuta alors sa danse sur le dos des grenadiers, si bien qu'on entendait un bruit comme celui d'un moulin à foulon. L'un en resta boiteux, l'autre manchot, le commandant perdit un œil. Pour en finir vite, les grenadiers jetèrent les fusils et leurs havresacs, et se mirent à courir de telle sorte qu'ils ne voyaient pas le chemin, car ils croyaient que le diable était déchaîné.

Libre de tout souci, l'oncle Curro s'endormit, gardant sa baguette sur sa poitrine, de peur qu'on ne la lui volât.

Quand il se réveilla, il se trouva pieds et poings liés. On le mena à la prison, où on lui lut sa condamnation à mort.

Le jour suivant, on le fit sortir du cachot, et lorsqu'il fut sur l'échafaud, on lui délia les mains ; il prit alors sa baguette et lui dit : *Baguette, emporte-toi,* et il la jeta au bourreau, qui tomba mort sous les coups.

— Qu'on emmène cet homme, dit le roi, sinon il tuera tous mes sujets. Dites-lui que je lui donne un royaume en Amérique, pourvu qu'il s'en aille.

Ainsi fut fait. Sa Majesté lui donna un royaume dans l'île de Cuba, il y bâtit une ville, et, dans cette ville, l'oncle Curro fit tant de meurtres avec sa baguette, que le nom de *Matanzas* lui en est resté.

CABALLERO.

DIVAN JAPONAIS

75, rue des Martyrs

CONCERT TOUS LES SOIRS

PROGRAMME DU 2 AU 9 NOVEMBRE

LA PETITE HENRY

Prodige de 10 ans

Dans ses imitations de Sarah Bernhardt, Judic, Déjazet, Gil-Naza, etc.

M. NOEL

Les Patrons aux eaux — Un larbin qui ne pose pas — Gobino-Gobiné — Pas comme ma sœur
J'ai tapé dans l'œil à la bonne

LA PETITE BLANCHE BARBIER

(Danseuse de 10 ans)

La Coqueluche du bal — Mam'zelle Frétillon — Le Mousse en bordée

Mmes LUCIANY CADAS

La Famille Gronichon — En suivant le Régiment — Une Noce qui se gratte

RAYNALD

Salut aux hirondelles — Champagne-Valse — La Retraite aux flambeaux
Salut, amour ! salut, printemps

SAPHO

A. E. I. O. U. — Mon Contrebassiste — Le Cornet à piston

ALICE VAUTIER

La Reine du sport — Mon p'tit lieutenant — Un Amour de sergent

MM. CLERVILLE

Hier et Demain — Chasse au cerf — Le Père la Victoire — Musique en tête

BOURGERY

Les Mollets d'Eglantine — Un Amour de carnaval — Flanelle et coton

PERRIER

La Boiteuse — La Noce en plein vent — Derrière la Musique militaire — La Bouillabaisse

RODOLPHE

Bière de France — La Terre — Salut, soleil !

MARCELIN

Si ma sœur en avait — Sale goss', va ! — L'Infirmier de Mézidon

DÉBUTS DU FAMEUX
WILLIAM SCOTT

Projections lumineuses — Panorama universel

Pour la première fois à Paris

GREAT ATTRACTION !

INCESSAMMENT

LE PRIX DE BEAUTÉ

actualité en 1 acte

Le premier rôle sera rempli par le premier prix de beauté de Spa.

Le 1er Novembre, rentrée du

PETIT DANTE

Le Prodige parisien et de sa sœur Miss Berta
(duos divers)

A l'Etude :

TOUT MONTMARTRE Y PASSERA

Revue de fin d'année par l'élite des auteurs montmartrois.

MATINÉES DIMANCHES ET FÊTES

A PARTIR DU SAMEDI 3 NOVEMBRE, TOUS LES JOURS DE 4 A 7 HEURES

CONCERT-VERMOUTH DU DIVAN JAPONAIS

Aménagement spécial — Orchestre de 8 Musiciens sous la direction de M. DEMARQUOY

Le Gérant : JEHAN SARRAZIN.

Paris. — JEHAN SARRAZIN. imprimeur de la *Lanterne japonaise,*
7, rue Bleue.

PREMIÈRE ANNÉE. — N° 3   **10** Centimes   SAMEDI 10 NOVEMBRE 1888

LA LANTERNE
JAPONAISE

BUREAUX
75, Rue des Martyrs, 75

PARAISSANT LE SAMEDI
Directeur : **JEHAN SARRAZIN**

ABONNEMENTS
1 an, 7 fr. -- 6 mois, 4 fr.

TYPES DE MONTMARTRE : La femme peintre.

TYPES MONTMARTROIS

LA FEMME PEINTRE

La femme peintre n'a rien de féminin. Elle porte le col droit et le veston masculins. Les plis de sa robe sont roides et disgracieux. Tous ses mouvements sont brusques et dépourvus d'élégance.

Elle dédaigne les petits amateurs qui s'adonnent aux genres gracieux. Elle, c'est la femme peintre : pas de fleurs, pas d'éventails, pas de XVIIIᵉ siècle. Elle fait des terrassiers, et des locomotives au besoin. Elle fume la cigarette ; elle se sert de son ombrelle comme d'une canne ; ses cheveux sont courts le plus souvent, et ses traits sont masculinisés.

Son œil est terne et lassé. On dirait qu'elle est fatiguée de tout.

Parfois on la rencontre avec de petites femmes élégantes qu'elle recrute à droite et à gauche.

Ce sont ses modèles probablement, ou peut-être de simples amies, car elle peint rarement des femmes.

La femme peintre a son café de prédilection et parfois son cercle, mais il est peu probable qu'elle ait sa modiste, car elle est toujours coiffée avec le plus mauvais goût.

TOTO CARABO.

LUNES

I

Un ciel sans étoiles, tout noir,
Sur lequel flotte la dentelle
Des nuages. Dans son boudoir
La Lune, enfouie, étincelle.

A la voir ainsi, par moments
Enorme, blanche, tout entière ;
Par moments, sous les gris errants
Se cachant presque — minaudière ; —

L'on croit ouïr les séducteurs,
Appels de la catin mi-nue,
Faisant les bons michés ponteurs,
De la fenêtre dans la rue.

II

Dans le velours du firmament,
Parmi le sable des étoiles
La Lune erre, immuablement,
A travers les célestes toiles.

Et pensif, je rêve, devant
Son disque éclatant qui rayonne,
A quelque chinois paravent
Où, mêlée aux fleurs d'anémone,

Aux oiseaux rouges, bleus et verts,
Trônerait cette étrange lune
Illuminant tout l'univers :
Sa Majesté blanche la Thune.

ROLLANDI.

LES NARCISSES

Ces narcisses, plus purs que la neige et plus blancs que la plume des cygnes légers, je les ai cueillis pour celle que j'aimai, pour celle que j'aime, pour celle que j'aimerai toujours. Je les ai mis dans un vieux vase de faïence normande. Et ma bien-aimée du fond de son grand lit m'a dit avec un rire argentin : « Puisque vous êtes si gentil, je vous laisserai prendre trois baisers ; choisissez ! » Et moi, j'ai répondu : « Le premier, je ne le prendrai pas sur la frange soyeuse de vos cils, ni sur la pourpre brûlante de vos lèvres, ni sur votre front altier, ni sur vos seins moelleux, ni le long de vos bras enlaceurs, ni sur vos mains de fée, ni sur vos cheveux de soleil. Non, ce n'est pas là que je le prendrai. »

**

Ces narcisses, je les ai cueillis pour celle que j'aimai, pour celle que j'aime, pour celle que j'aimerai éternellement. L'eau dans laquelle je les ai baignés, c'est moi-même qui l'ai puisée à la fontaine : elle était limpide et fraîche comme une eau de source. La tête perdue dans ses blonds cheveux épars, ma bien-aimée reprit : « Je vous offre trois baisers, mon cher ; vous avez le choix ! » Et moi j'ai répondu : « Le second, je ne le prendrai ni sur votre nuque odorante, ni sur votre col de colombe, ni sur vos divines épaules, ni sur vos hanches cambrées et fortes, ni sur vos cuisses de satin. Non, ce n'est pas là que je le prendrai ! »

**

Ces narcisses éblouissants de fraîcheur, je les ai cueillis pour celle que je veux aimer à jamais. Le vase dans lequel je les ai mis a plus de deux cents ans. C'est un vieux Rouen où des oiseaux naïfs sont peints parmi des fleurs bleues. Sa mignonne frimousse à demi cachée sous l'oreiller, ma bien-aimée a répété : « Eh bien, est-ce que cela ne vous tente pas, trois baisers ? Faites donc votre choix, vilain méchant ! » Et moi, j'ai répondu : « Le troisième, je ne le prendrai ni sur votre beau ventre de statue, ni sur vos jambes souples et rondes, ni sur vos petits pieds roses de baby, mais je les prendrai tous les trois à la même place ! »

— Oh ! alors, a-t-elle répondu en se jetant à mon cou, s'il en est ainsi, ce n'est pas trois baisers que je vous donne, je vous en offre cinquante et vous en prendrez cent mille si cela vous plaît !

Ces narcisses, je les ai cueillis pour celle que j'aimai, que j'aime, pour celle que j'aimerai toujours !

JEHAN SARRAZIN.

A CLYMÈNE

Mystiques barcarolles,
Romances sans paroles,
Chère, puisque tes yeux,
  Couleur des cieux,

Puisque ta voix, étrange
Vision qui dérange
Et trouble l'horizon
  De ma maison,

Puisque l'arome insigne
De ta pâleur de cygne,
Et puisque la candeur
  De ton odeur,

Ah ! puisque tout ton être,
Musique qui pénètre
Nimbes d'anges défunts,
  Tons et parfums,

A sur d'almes cadences,
En ses correspondances,
Induit mon cœur subtil,
  Ainsi soit-il !

PAUL VERLAINE.

GREAT ATTRACTION

Nous sommes heureux d'annoncer à nos lecteurs l'apparition, au *Divan Japonais*, de la fameuse

SENORITA CARMEN DEL CASTILLO

la ballerina tant applaudie sur les diverses scènes des capitales d'Europe.

Elle obtient chaque jour un immense succès : tout Paris voudra l'entendre et lui voir danser la séguedille.

Hurrah ! Hurrah ! Hurrah !

FANTAISIE D'AUTOMNE

Ecoute, chérie…

De mille petits riens, — fantaisies nées dans mon cerveau, ou puisées dans la réalité — de mille petits riens je veux faire pour toi un volume, un volume coquet.

Tu es ma Muse, ma Grande Inspiratrice.

Avec ta pensée dans l'âme, ton image devant mes yeux, j'aime à laisser vagabonder mon esprit.

Quand je te rêve — et je te rêve toujours — je suis délicieusement, quoique un peu tristement alangui.

J'aime alors les beaux vers, les belles phrases harmonieusement cadencées.

Elles vibrent en moi, suavement.

Et il me semble, alors, que les mille harmonies du style sont les douces caresses de ta voix.

Il me semble, que dans leur langueur, elles me parlent de toi, qu'elles me chuchotent à l'oreille mille mots d'amour, mystérieusement.

Et dans ma pauvre mansarde ma solitude se peuple.

Devant mes yeux, des ombres passent et repassent, sylphides légères, mystérieuses long-voilées, nées, fantastiques, de mon hallucination.

Ma remembrance, alors, te pose devant moi, dans toutes les circonstances, tous les moments de ma vie où je t'ai vue.

Tu passes gracieuse et pure, vierge indéniable, vêtue de toutes les robes, de tous les manteaux que je t'ai vus.

Frileusement, tu te drapes dans le manteau d'hiver.

Estivalement parée, tu passes, nu-tête, du soleil aux cheveux.

Et si j'écris, alors, je vois toujours ton regard si plein de caresses, tes grands yeux iris me bavardent follement, avec toute la candeur de la vierge, toute l'ingénuité du premier amour.

Et sous ton regard qui me console, qui m'arrache aux réalités du monde, je me penche et j'écris.

J'écris la fantaisie née de l'inspiration que ton regard me verse, chérie divine, j'écris.

Et quand j'ai fini, lentement, longuement, tu te penches sur moi.

Doucement tu me baises au front, comme un enfant, et, câline, appuyant ton grand front pâle sur mon épaule, tu me ceins de ton bras, et murmures :

« Merci ! »

JACK TAMERLAN.

DIVAN JAPONAIS

75, rue des Martyrs

CONCERT TOUS LES SOIRS

PROGRAMME DU 10 AU 17 NOVEMBRE

LA SENORITA CARMEN DEL CASTILLO

Ballerina espanola

Bobinetta — Nini-Patte-en-l'air — La Coronella (chanson espagnole) — Jota de los Rataf (chanson espagnole)

M. NICOLINO

La France — Ohé, Saturnin ! — Tous soldats — Rin-Zin-Blin

LES PRODIGES DANTE

(dans leurs duos)

Charbonnière et Mitron — Roméo et Juliette — Faust et Marguerite — Paul et Virginie

Mmes SAPHO

La Vénus de Bordeaux — La Grosse Caisse sentimentale — Mon Piston — Mon Contrebassiste

ALICE VAUTIER

Commencez l'feu — Mon p'tit lieut'nant — Un Amour de sergent — La Reine du sport

RAYNALD

Salut aux hirondelles — Champagne-Valse — La Retraite aux flambeaux
Salut, amour ! salut, printemps !

YEDDA

La Japonaise — Titi Lariti — Le Régiment des cocottes — Quand je trotte

MM. CLERVILLE

La Boiteuse — Derrière la Musique militaire — Musique en tête — Hier et Demain — Le Père la Victoire

M. NOEL

Ma famille — Pas comme ma sœur — Gobino-Gobiné — J'ai tapé dans l'œil à la bonne

CAMILLE STAR

La France passe — Les meurt-de-faim

MARCELIN

Si ma sœur en avait — Les Crimes de Blézimard — Le Professeur de trompette

LA PETITE HENRY

Prodige de 10 ans
Dans ses imitations de Sarah Bernhardt, Judic, Déjazet, Gil-Naza, etc.

WILLIAM SCOTT

Créations nouvelles
Les merveilles du XIXe siècle
GREAT ATTRACTION !

INCESSAMMENT

LA REVUE DE FIN D'ANNÉE

A l'Etude :

LE JUGEMENT DE PÂRIS

(SCÈNE)

actualité en 1 acte

DÉBUTS DU PRIX DE BEAUTÉ

MATINÉES DIMANCHES ET FÊTES

DEPUIS LE SAMEDI 3 NOVEMBRE, TOUS LES JOURS, DE 4 A 7 HEURES

CONCERT-VERMOUTH DU DIVAN JAPONAIS

Aménagement spécial — Orchestre de 8 Musiciens sous la direction de M. DEMARQUOY

Le Gérant : JEHAN SARRAZIN.
Paris. — JEHAN SARRAZIN. imprimeur de la *Lanterne japonaise,*
7, rue Bleue.

PREMIÈRE ANNÉE. — N° 4   **10** Centimes   SAMEDI 17 NOVEMBRE 188

LA LANTERNE
JAPONAISE

BUREAUX
7⁵, Rue des Martyrs, 75

PARAISSANT LE SAMEDI
Directeur: **JEHAN SARRAZIN**

ABONNEMENTS
1 an, 7 fr. - - 6 mois, 4 fr.

— C'est drôle, le matin, y a comm' ça des jours qu'on s'sent tout' chose...
— C'est p'têt' que madame prend pas assez d'exercice, avant d'se lever !...

LES TROIS ANGÉLUS

Le pied léger, la tête haute, l'œil vif — et toujours une chanson aux lèvres — elle allait chaque matin à la ville pour y porter ses fromages et ne revenait que le soir après le coucher du soleil.

Elle s'appelait Nanette.

C'était la plus jolie fille du pays. Ses yeux ressemblaient à deux pervenches fraîches écloses, et sa chevelure rousse avait l'air d'un incendie.

Sa bouche, toujours entr'ouverte par un sourire, laissait voir, au milieu de sa pourpre éclatante, la plus belle collection de quenottes blanches qu'on puisse rêver. Elle souriait même en dormant.

C'était la bonne humeur en personne et, le dimanche, lorsqu'elle allait danser dans les fêtes, les gars se battaient pour l'avoir — et nulle fille dans le canton n'avait la jambe mieux faite.

Chaque matin, elle s'en allait à la ville . Et chaque jour, vers les midi, elle s'arrêtait dans le bois des Églantiers pour se reposer et pour prendre son repas.

Or, un jour qu'elle s'y était assise comme de coutume, elle achevait sa collation, lorsque soudain elle entendit marcher derrière elle. Elle leva la tête : c'était Pierre, son amoureux.

— Bonjour, Pierre !

— Bonjour, Nanette !

— Ah ! fit Pierre, en l'embrassant, j'ai fait un drôle de rêve, cette nuit. Figure-toi que j'étais allé voir le vieux sorcier de la Neuville pour lui conter mon amour.

Le sorcier a regardé ma main gauche, puis il m'a dit : « Demain matin, à l'heure du premier Angélus, trouve-toi devant le grand rosier qui grimpe au long de votre porte; si tu peux compter toutes les roses pendant que l'Angélus sonnera et s'il y en a plus de cent, Nanette sera ta femme à l'heure du second Angélus. » J'ai fait ce qu'il m'a dit; j'ai compté les roses pendant que la cloche chantait et j'en ai trouvé cent vingt-cinq... alors je suis venu te trouver...

Comme il achevait de parler, on entendit sonner midi à un clocher voisin, et la cloche de l'Angélus résonna.

— Eh bien ! fit Nanette, en lui jetant ses bras autour du cou et en l'attirant tout près d'elle, le sorcier a dit vrai; mais, de grâce, dépêche-toi, car moi j'ai rêvé qu'il fallait que je sois ta femme avant la fin du second Angélus. . . . .

. . . .

Et foi de bouvreuil, lorsque le dernier coup de cloche tinta, elle était bel et bien sa femme — et plutôt deux fois qu'une ! — Vous pouvez l'aller demander à tous les rossignols d'alentour.

Ce jour-là, Nanette ne porta pas ses fromages à la ville, car elle était encore avec Pierre dans le bois des Églantiers, à l'heure du dernier Angélus !

JEHAN SARRAZIN.

PETITS TABLEAUX

I. — *Intérieur.*

« Joujou, pipi, caca, dodo. »
« Do, ré, mi, fa, sol, la, si, do. »
Le moutard gueule, et sa sœur tape
Sur un vieux clavecin de Pape.
Le père se rase au carreau
Avant de se rendre au bureau.
La mère émiette une panade
Qui mijote, gluante et fade,
Dans les cendres. Le fils ainé
Cire, avec un air étonné,
Les souliers de toute la troupe,
Car ce soir même, après la soupe,
Ils iront autour de Musard
Et ne rentreront pas trop tard;
Afin que, demain, l'on s'éveille
Pour une existence pareille.
« Do, ré, mi, fa, sol, la, si, do. »
« Joujou, pipi, caca, dodo. »

II. — *Croquis de Dos.*

Il travaille, le jour, dans un bazar tout neuf,
Criant : « Tout est à treize, et là, tout à vingt-neuf ! »
Sa casquette est la plus superbe des casquettes
En soie, et fait valoir ses courbes roufflaquettes.
Un foulard jaune tourne autour de son cou gras,
Rouge, que font valoir ses cheveux tondus ras.
Comme sa connaissance a ce soir de l'ouvrage,
Il est libre et content. Car jamais il ne rage,
A moins qu'elle ne flâne. Aussi c'est d'un air grand
Qu'il s'écrie, au café : « Garçon, un mazagran ! »

CHARLES CROS.

LE CHEVAL A VENDRE

(FABLIAU)

Un paysan voulait vendre son cheval et il en demandait cent francs. Un voisin se présente pour l'acheter ; mais ne pouvant convenir du prix, il propose de conduire l'animal au marché et d'en donner ce que le premier acheteur venu en offrira.

La condition est acceptée et le roussin exposé en vente.

Vient un borgne qui en offre cinquante francs. D'après cette proposition et les conditions convenues, le voisin veut l'emmener. Le paysan s'y oppose : grande dispute et procès en justice.

L'acheteur expose aux juges ses raisons le premier.

— Messieurs, répond le paysan, je ne disconviens pas des conditions dont parle ma partie adverse ; mais celui qui a estimé la bête n'avait qu'un œil et il n'a pu voir par conséquent que la moitié de ce qu'elle vaut. Mon contradicteur, au contraire, a deux bons yeux ; je lui demande donc le double de l'autre, ou sinon je remmène ma bête.

Les juges rirent beaucoup de sa réponse et le renvoyèrent avec son cheval.

GAUTIER DE COINSI.

LES COQUILLAGES

Chaque coquillage incrusté
Dans la grotte où nous nous aimâmes,
A sa particularité.

L'un a la pourpre de nos âmes
Dérobée au sang de nos cœurs
Quand je brûle et quand tu t'enflammes ;

Cet autre affecte tes langueurs
Et tes pâleurs, alors que, lasse,
Tu m'en veux de mes yeux moqueurs ;

Celui-ci contrefait la grâce
De ton oreille, et celui-là
Ta nuque rose, courte et grasse ;

Mais un, entre autres, me troubla.

PAUL VERLAINE.

LE CONTEUR D'HISTOIRES

Un roi avait un conteur d'histoires qui l'amusait beaucoup et qui s'appelait Gromât. Un soir qu'il était au lit, il le fit venir et lui demanda un conte.

Celui-ci, qui mourait d'envie de dormir, fit tous ses efforts pour s'en dispenser ; mais il eut beau faire, il fallut obéir. Il prit donc son parti et commença ainsi :

— Sire, il y avait un homme qui avait cent écus d'or ; avec son argent, il voulut acheter des moutons et chaque mouton lui coûta six deniers. Il en eut deux cents. Il s'en revint donc au village avec ses deux cents moutons qu'il chassait devant lui. Mais, en revenant, il trouva que la rivière était débordée, car il avait beaucoup plu, et les eaux s'étaient répandues dans la campagne, et il n'y avait pas de pont, et il ne savait comment passer avec ses moutons.

Enfin, à force de chercher, il trouva un bateau, mais ce bateau était si petit qu'il ne pouvait y passer que deux moutons à la fois...

Alors le conteur se tut.

— Eh bien, quand il eut passé ces deux-là, fit le roi, que fit-il ?

— Sire, vous savez que la rivière est large, le bateau fort petit, et qu'il y a deux cents moutons. Il leur faut du temps ; dormons un peu tandis qu'ils passent, demain je vous conterai ce qu'ils devinrent.

JEAN DE BOVES.

L'ÉLOQUENCE DE PRADO

Interpellé par Mauricette dans une des dernières audiences, Prado lui répondit en ces termes mémorables :

— Madame, depuis que vous avez sauté par-dessus le berceau de votre enfant pour réclamer la tête du père, vous avez perdu le droit de vous servir de votre titre de mère comme d'un bouclier !

Si réellement Mauricette est capable d'exécuter ces divers exercices, nous ne doutons pas qu'elle ne soit promptement engagée aux Folies-Bergère.

TOTO CARABO.

HURRAH ! POUR SMITH

Nous signalons à l'attention du public

Le Fameux Smith

le prodigieux acrobate qui fait chaque soir florès au *Divan Japonais*. Ce jeune garçon est réellement extravagant de souplesse et certes il peut rivaliser avec Marinelli, l'homme-serpent.

Le fameux mot des boniments : *Il faut le voir pour le croire* s'applique de lui-même à Smith.

Car, en effet, il n'est pas de mots qui puissent convenablement décrire les merveilleux exercices de ce jeune homme qui jongle avec son ventre et s'assoit sur sa tête. Venez le voir. Il n'a pas son pareil. Hurrah ! pour Smith.

DIVAN JAPONAIS

75, rue des Martyrs

CONCERT TOUS LES SOIRS

PROGRAMME DU 17 AU 24 NOVEMBRE

Le fameux SMITH
Le plus prodigieux des petits acrobates
Souplesse extravagante — Exercices vertigineux — Le seul rival de Marinelli, l'homme-serpent

LA SENORITA CARMEN DEL CASTILLO
Ballerina espanola
Marianna la Gitana — Nini-Patte-en-l'air — La Coronella — Jota de los Rataf (chanson espagnole) — L'Etoile de Malaga

DJELMA
La créole, la perle de la Martinique
La Vénus au cirage — Le Voyage à Manille — Bambouli-Bamboula — Zulma

M. NICOLINO
Où donc que tu mets tes pieds ! — La France — La Fille du ferblantier — Sébastien

LES PRODIGES DANTE
(dans leurs duos)
Charbonnière et Mitron — Roméo et Juliette — Faust et Marguerite — Paul et Virginie

Mmes SAPHO
Caroli Bastien — La Vénus de Bordeaux — Mon Contrebassiste — Ohé ! Philibert !

ALICE VAUTIER
La belle Niniche — La Pinçonnette en goguette — Mon p'tit lieut'nant — La Reine du sport — Le Brosseur du colonel

MONTAL
Comique excentrique, voltigeuse
J'débute dans la danse — Nini-Polka — La Rosière de Fouilly — La belle Margot

YEDDA
La Femme du 13 jours — Mo', j'tap' dans l'tas — La Japonaise — Si j'avais créé l'monde ! — C'est-y ça la révision !

MM. CLERVILLE
Je cherche Lodoïska — La Boiteuse — Derrière la Musique militaire — Musique en tête — Le Père la Victoire

M. NOEL
Ma Famille — Pas comme ma sœur — Gobino-Gobiné — J'ai tapé dans l'œil à la bonne

TROFEL
Restez libres ! — Les Meurt-de-faim — C'est à la France — Salut !

MARCELIN
Le Mollet d'Églantine — Si ma sœur en avait — Les Crimes de Blézimard — C'qu'il est rigolo !

ALBARD
Le roi de la Gigue
Dans ses créations excentriques
Albard-original-minstrel

LA PETITE HENRY
Prodige de 10 ans
Dans ses imitations de Sarah Bernhardt, Judic, Déjazet, Gil-N aza, etc.

INCESSAMMENT

LA REVUE DE FIN D'ANNÉE
A l'Etude :

LE JUGEMENT DE PÂRIS
(SCÈNE)
actualité en 1 acte

DÉBUTS DU PRIX DE BEAUTÉ

MATINÉES DIMANCHES ET FÊTES

DEPUIS LE SAMEDI 3 NOVEMBRE, TOUS LES JOURS, DE 4 A 7 HEURES

CONCERT-VERMOUTH DU DIVAN JAPONAIS
Aménagement spécial — Orchestre de 8 Musiciens sous la direction de M. DEMARQUOY

Le Gérant : JEHAN SARRAZIN.

Paris. — JEHAN SARRAZIN, imprimeur de la *Lanterne japonaise*,
7, rue Blene.

PREMIÈRE ANNÉE. — N° 5 — 10 Centimes — SAMEDI 24 NOVEMBRE 1888

LA LANTERNE
JAPONAISE

BUREAUX
75, Rue des Martyrs, 75

PARAISSANT LE SAMEDI
Directeur : **JEHAN SARRAZIN**

ABONNEMENTS
1 an, 7 fr. -- 6 mois, 4 fr.

LENDEMAIN. — Poésie de Charles Cros.

LES DEUX BOURGEOIS ET LE VILAIN

(FABLIAU)

Deux bourgeois allaient en pèlerinage. Un paysan qui se rendait au même terme s'étant joint à eux dans le chemin, ils firent route ensemble, et réunirent même leurs provisions. Mais, à une demi-journée de la *maison du Saint*, elles leur manquèrent; il ne leur resta qu'un peu de farine, à peu près ce qu'il en fallait pour faire un petit pain. Les bourgeois, de mauvaise foi, complotèrent de le partager entre eux deux et d'en frustrer leur camarade, qu'à l'air grossier qu'il avait montré ils se flattaient de duper sans peine.

— Il faut que nous prenions notre parti, dit l'un des citadins; ce qui ne peut suffire à là faim de trois personnes peut en rassasier une, et je suis d'avis que le pain soit pour un seul. Mais afin de pouvoir le manger sans injustice, voici ce que je propose : Couchons-nous tous trois, faisons chacun un rêve, et qu'on adjuge le pain à celui qui aura eu le plus beau.

Le camarade, comme on s'en doute bien, applaudit beaucoup à cette idée. Le vilain même l'approuva et feignit de donner pleinement dans le piège. On fit donc le pain, on le mit cuire sous la cendre, et l'on se coucha. Mais nos bourgeois étaient si fatigués, qu'involontairement bientôt ils s'endormirent. Le manant, plus malin qu'eux, n'épiait que ce moment. Il se leva sans bruit, alla manger le pain, et revint se coucher.

Cependant un des bourgeois s'étant réveillé et ayant appelé ses deux compagnons :

— Amis, leur dit-il, écoutez mon rêve. Je me suis vu transporté par deux anges en enfer. Longtemps ils m'ont tenu suspendu sur l'abîme du feu éternel. Là, j'ai vu les tourments.

— Et moi, reprit l'autre, j'ai songé que la porte du ciel m'était ouverte : les archanges Michel et Gabriel, après m'avoir enlevé par les airs, m'ont conduit devant le trône de Dieu. J'ai été témoin de sa gloire.

Et alors le songeur commença à dire des merveilles du paradis, comme l'autre en avait dit de l'enfer.

Le vilain, pendant ce temps, quoiqu'il les entendît fort bien, feignait toujours de dormir. Ils vinrent le réveiller. Lui, affectant l'espèce de saisissement d'un homme qu'on tire subitement d'un profond sommeil, cria avec un ton effrayé :

— Qui est là ?

— Eh! ce sont vos compagnons de voyage. Quoi! vous ne nous connaissez plus! Allons, levez-vous, et contez-nous votre rêve.

— Mon rêve! Oh ! j'en ai fait un singulier, et dont vous allez bien rire. Tenez, quand je vous ai vus transportés, l'un en paradis, l'autre en enfer, moi j'ai songé que je vous avais perdus et que je ne vous reverrais jamais. Alors je me suis levé, et ma foi, puisqu'il faut vous le dire, je suis allé manger le pain.

JEAN DE BOVES.

CORTÈGE

Un singe en veste de brocart
Trotte et gambade devant elle
Qui froisse un mouchoir de dentelle
Dans sa main gantée avec art,

Tandis qu'un négrillon tout rouge
Maintient à tour de bras les pans
De sa lourde robe en suspens,
Attentif à tout pli qui bouge;

Le singe ne perd pas des yeux
La gorge blanche de la dame,
Opulent trésor que réclame
Le torse nu de l'un des dieux;

Le négrillon parfois soulève
Plus haut qu'il ne faut, l'aigrefin,
Son fardeau somptueux, afin
De voir ce dont la nuit il rêve;

Elle va par les escaliers,
Et ne paraît pas davantage
Sensible à l'insolent suffrage
De ses animaux familiers.

PAUL VERLAINE.

L'ALBUM A VIRGINIE

Un jeune présomptueux affirmait devant Charles Chincholle, du *Figaro*, que l'éléphant et le porc étaient de la même famille.

— Oui, répliqua Chincholle, ils sont de la même

famille ; seulement, ajouta-t-il avec mystère, ils ont eu des histoires, alors ils ne se voient pas.

**

Où s'arrêtera la science ?

Voici ce qu'on lit, rue Lepic, sur un magasin d'articles de ménage :

Verres de lampes incassables, en fer étamé, d'une solidité à toute épreuve.

Plus loin, chez un droguiste :

Lotion à base végétale, pour accélérer la chute des cheveux : calvitie garantie 3 ans.

**

Déduction :

— Ainsi, tu dis que le fruitier et sa femme ont une grande fille de 15 ans ?

— Oui.

— C'est drôle, *je les croyais veufs !*

**

Quand on ignore la première lettre d'un mot, il est excessivement difficultueux de trouver sa signification dans le dictionnaire.

**

Flammarion essaie d'inculquer quelques notions d'astronomie à Francisque Sarcey.

Le critique couleur du temps l'arrête :

— A quoi bon votre astronomie ?... puisque nous ne pouvons y aller...

**

Cette année, les maisons du IXᵉ arrondissement ressentant des démangeaisons intolérables, le maire a décidé qu'on leur gratterait la façade, pour les soulager.

**

Le bruit court dans les cercles bien informés de Londres, qu'il y aurait promesse de mariage entre Jack 'Eventreur et une riche héritière de la haute aristocratie nglaise.

Tous renseignements pris, le sympathique industriel e White-Chapel, suivant son habitude, ne vise pas si aut. C'est au contraire, un mariage de pure inclination u'il va contracter : il épouse une ouvreuse.

**

Post-scriptum d'une lettre de jeune gentleman à sa onne amie, couturière :

P. S. — A propos, ma chérie, si tu trouves mon yle décousu, fais-y un point...

**

Je suis allée dimanche dernier visiter les apprêts de xposition Universelle, et je dois dire que je suis venue assez satisfaite de la façon dont les travaux t été conduits.

Un ami de mon mari, qui m'accompagnait, m'a appris 'un ingénieur américain était sur le point de construire un globe terrestre, grandeur d'exécution.

Les continents, les mers, les golfes, les détroits, etc., eraient dessinés par MM. Meissonier et Jean Van eers, les panoramistes bien connus.

Le pivot de la sphère est tellement sensible, qu'un tout jeune enfant pourrait, paraît-il, la faire tourner, rien qu'en la regardant.

Le seul ennui est qu'on n'a pu trouver jusqu'ici, dans l'enceinte des fortifications, aucun emplacement pour cette grosse machine, assez encombrante, en somme.

**

A l'approche de la mauvaise saison et en présence des premières ondées, nous croyons bien faire en engageant les nombreux lecteurs de *la Lanterne Japonaise*, ainsi que leur famille, à ne pas sortir sans s'être munis préalablement d'un parapluie.

Virginie Lebeau.

L'ESPRIT DES JAPONAIS

(Extrait du *Hsiao-Lin-Kuang*, le Livre du Rire)

Une femme mariée conversait avec son amant, quand le mari rentra.

— Que fait cet homme ici ? cria-t-il en apercevant l'étranger.

— Chut ! dit la femme avisée; c'est un voisin ; sa femme l'a battu et il se cache ici.

— Quel imbécile ce doit être ! dit le mari avec mépris, en sortant.

**

Un lettré fort nerveux avait le malheur d'habiter une maison placée entre celles d'un forgeron et d'un chaudronnier. Le bruit que faisaient ces deux artisans le rendait presque fou, et il dit à un de ses amis que, s'ils déménageaient, il leur donnerait un bon dîner.

Un beau jour, les deux voisins se présentèrent et dirent qu'ayant entendu parler de sa promesse, ils venaient lui annoncer qu'ils changeaient de demeure. Le lettré leur offrit un magnifique banquet et, au dessert, il leur demanda où ils allaient :

— Nous changeons de maison, dit le chaudronnier : le forgeron prend la mienne et moi la sienne.

**

Une femme éventait le cadavre de son mari, mort au milieu de l'hiver, et comme on lui demandait la raison de cet acte bizarre :

— Mon mari, dit-elle, m'a recommandé, à son lit de mort, d'attendre pour me remarier que son corps fût froid.

**

Un mandarin commanda à un orfèvre deux barres d'or massif. Quand l'artisan les apporta, le mandarin lui en demanda le prix:

— Excellence, dit l'orfèvre, il y a, comme tout le monde le sait, un prix fixe pour l'or; mais à Votre Excellence nous ne demanderons que la moitié du taux.

— C'est bien, dit le mandarin en lui rendant une des barres, je garderai l'autre et nous serons quittes.

DIVAN JAPONAIS

75, rue des Martyrs

CONCERT TOUS LES SOIRS

PROGRAMME DU 24 NOVEMBRE AU 1er DÉCEMBRE

Le fameux SMITH
Le plus prodigieux des petits acrobates
Souplesse extravagante — Exercices vertigineux — Le seul rival de Marinelli, l'homme-serpent

LA SENORITA CARMEN DEL CASTILLO
Ballerina espanola et son lion
La Manola — La Migna — Le Lion — Marianna la Gitana — La Fête à Séville — L'Etoile de Malaga

DJELMA
La créole, la perle de la Martinique
Ma Guadeloupe — L'Amour est parti — Le Fadine — Zora la Mauresque

M. NICOLINO
Autour des Halles — Tout ça c'est d'la blague — La Fille du ferblantier — Soutiens-moi, Châtillon

Mmes SAPHO
Le Piston d'Hortense — Tous barbus — J'ador' la galette! — La Vénus de Bordeaux

ALICE VAUTIER
Nana-Tata — Mon p'tit adjudant — La Duchesse de Monaco — La Pinçonnette en goguette — Le Brosseur du colonel

MONTAL
Comique excentrique, voltigeuse
Miss Rigolette — La Reine du Cotillon — La belle Margot — La danse, j'aime ça !

YEDDA
L'Athlète — La Femme du 13 jours — Moi, j'tap' dans l'tas — C'est-y ça la révision ! — La Vénus d'Auteuil

— MERCÉDÈS (*Débuts*)
Le Vin de Beaune et de Nuits — Mimi Rigolade — Je frétille

MM. CLERVILLE
Bobinard — Le Trombone amoureux — La Boiteuse — Derrière la Musique militaire — Le Couturier

TROFEL
Marthe — L'Ame en peine — C'est à la France — Salut !

CARMAN (*Débuts*)
Original-gommeux
Le Beau Gaëtan — La Pipe du commandant — L'Héritier — C'est Paméla

MARCELIN
Les Journaux d'Paris — J'aim' pas ces blagues-là ! — Si ma sœur en avait — Le Pèlerinage de ma tante

ALBARD
Le roi de la Gigue
Dans ses créations excentriques
Albard-original-minstrel

LA PETITE HENRY
Prodige de 10 ans
Dans ses imitations de Sarah Bernhardt, Judic, Déjazet, Gil-Naza, etc.

INCESSAMMENT

LA REVUE DE FIN D'ANNÉE
A l'Etude :

LE JUGEMENT DE PÂRIS
(scène)
actualité en 1 acte

DÉBUTS DU PRIX DE BEAUTÉ

MATINÉES DIMANCHES ET FÊTES

DEPUIS LE SAMEDI 3 NOVEMBRE, TOUS LES JOURS, DE 4 A 7 HEURES

CONCERT-VERMOUTH DU DIVAN JAPONAIS
Aménagement spécial — Orchestre de 8 Musiciens sous la direction de M. DEMARQUOY

Le Gérant : JEHAN SARRAZIN.

Paris. — JEHAN SARRAZIN, imprimeur de la *Lanterne japonaise*,
7, rue Bleue.

PREMIÈRE ANNÉE. — N° 6   10 Centimes   SAMEDI 1ᵉʳ DÉCEMBRE 1888

LA LANTERNE
JAPONAISE

BUREAUX
75, Rue des Martyrs, 75

PARAISSANT LE SAMEDI
Directeur : **JEHAN SARRAZIN**

ABONNEMENTS
1 an, 7 fr. — 6 mois, 4 fr.

L'INVITATION AU VOYAGE

Mon enfant, ma sœur,
Songe à la douceur
D'aller là-bas vivre ensemble !
Aimer à loisir,
Aimer et mourir
Au pays qui te ressemble !
Les soleils mouillés
De ces ciels brouillés,
Pour mon esprit, ont les charmes
Si mystérieux
De tes traîtres yeux
Brillant à travers leurs larmes.

Là tout n'est qu'ordre et beauté,
Luxe, calme, volupté.

Vois, sur ces canaux,
Dormir ces vaisseaux
Dont l'humeur est vagabonde ;
C'est pour assouvir
Ton moindre désir
Qu'ils viennent du bout du monde.
Les soleils couchants
Revêtent les champs,
Les canaux, la ville entière
D'hyacinthe et d'or ;
Le monde s'endort
Dans une chaude lumière.

Là tout n'est qu'ordre et beauté,
Luxe, calme, volupté.

(CHARLES BAUDELAIRE, *Les Fleurs du mal*. — Calman-Lévy, édit.)

L'ÉDREDON DE LILIA

Comme Lilia m'avait été cruelle et que mes prières d'un mois et mes lettres sans nombre n'avaient point eu de résultat, comme elle reculait de jour en jour le cher instant promis, j'eus, un soir de dépit, l'étrange idée de lui envoyer ce madrigal bizarre :

POUR « LILIA »

Dans une envolée aux tons vagues,
Dans un nuage où se mêlait
La teinte chair au vert des algues,
Le rose tendre au blanc de lait,
Je vous vis, déesse impudique,
Suave dans la nudité
Qui mélangeait la grâce antique
A mon idéal de beauté.
Je vous vis, la batiste frêle
Avait glissé — le regrettant —
Sur vos vêtements, pêle-mêle,
Tandis que j'étais haletant !...
Alors, oserai-je le dire,
— Je n'aurai jamais mon pardon —
Je pris ma plume pour écrire
Les « Mémoires d'un Edredon ».

Le lendemain, je reçus une carte parfumée :

Monsieur,

Pour écrire les Mémoires de mon édredon, — car je suppose que c'est du mien qu'il s'agit, — il faudrait au moins le connaître. Comment voulez-vous faire, puisque vous ne l'avez jamais vu ? Faites-moi donc l'amitié de venir ce soir, je vous présenterai l'un à l'autre.

Je vous salue,

Ta petite LILIA.

C'est ainsi qu'une boutade a suffi pour faire parler le cœur capricieux de celle que j'implorais en vain depuis si longtemps.

JEHAN SARRAZIN.

L'ALBUM A VIRGINIE

Un joli trait de M. Charles Floquet :

Dernièrement, devant la Chambre des députés, les chevaux du ministre prennent le mors aux dents ; sa voiture est vertigineusement emportée vers l'abîme...

Un courageux individu se jette à la tête des coursiers et parvient à les arrêter.

M. Floquet, très pressé, remercie hâtivement l'héroïque citoyen et lui donne rendez-vous pour le lendemain, chez lui.

A l'heure dite, l'inconnu se présente.

— Ah ! monsieur, lui dit le président du conseil, jamais je n'oublierai que vous m'avez sauvé la vie ! Que puis-je faire pour vous ? Voulez-vous un bureau de tabac ?

— Merci, répond l'homme, je ne fume pas !

⁂

La Compagnie générale des Tramways vient de prendre une mesure à laquelle applaudiront toutes les personnes de sens et des environs.

Pendant la durée de la foire, la voiture qui fait le service de l'Etoile à la Villette, au lieu de suivre la chaussée droite du boulevard comme elle l'avait fait jusqu'ici, circulera dorénavant sur la voie centrale, au milieu des baraques.

De cette façon, les voyageurs pourront jouir du coup d'œil de la fête vraiment unique en son genre.

⁂

Surdité : maladie de pot.

VIRGINIE LEBEAU.

CREPUSCULE

Tout là-bas, on dirait des nuages qui saignent,
Déchiquetés, coupés par les derniers traits d'or ;
Dans les jardins, et dans les buissons qui les ceignent,
Les insectes ont tu leurs voix : le jour s'endort.

S'en vont les laboureurs lassés ; les bruits s'éteignent ;
Quelque chien de berger, au loin, aboie encor ;
Et, par delà les bois qui de noirceurs se teignent,
Traîne en agonisant le chant triste d'un cor.

Les dernières clartés s'accrochent aux tourelles,
Font clignoter les grands vitraux des vieux donjons,
Traversés, par instants, d'un vol de tourterelles ;

Et la Vienne miroite en son cadre de joncs,
Et s'assoupit avec un sanglot qui se brise,
Sous les peupliers noirs qui pleurent dans la brise.

R. C.

ELLE EST BIEN BONNE !

Deux frères étaient restés orphelins d'assez bonne heure, mais ils avaient en outre une terrible maladie, c'était la pauvreté. Pour moi je n'en connais point d'aussi difficile à guérir et qui tienne aussi longtemps.

Pendant plusieurs années les deux frères eurent à souffrir ce qui l'accompagne ordinairement, le froid, la soif et la faim. Leur misère enfin devint si pressante que, manquant même de pain, il leur fallut songer aux expédients.

Près d'eux habitait un homme riche, ayant des choux dans son courtil et des moutons dans son étable. Nécessité, qui force maint homme au crime, leur inspira le dessein de le voler. Ils partirent donc à l'entrée de la nuit et arrivèrent avec chacun un sac, et allèrent, l'un forcer la serrure de l'étable pour enlever un mouton, l'autre dans le jardin couper les choux.

On n'était pas encore couché chez le bourgeois. Il entendit du bruit.

— Il y a là quelque chose, dit-il à son fils, va voir ce que c'est, et appelle le chien. Est-ce qu'il ne serait pas dans la cour ?

L'enfant sortit et se mit à crier :

— Etula !

C'était le nom du chien.

Le voleur qui crochetait la porte crut que son frère l'appelait, et répondit :

— Oui, me voilà !

Mais de l'autre côté l'enfant, s'imaginant avoir entendu le chien parler, rentra dans la maison tout effrayé.

— Sire ! sire !

— Eh bien, quoi ? Qu'est-ce qu'il y a ?

— Ah ! sire, le chien qui parle !

— Le chien qui parle !

— Oui, vraiment, c'est bien sûr, je l'ai entendu ; et, si vous ne me croyez pas, venez-y vous-même.

Le père alla voir. Il appela de même le chien par son nom ; et le voleur, toujours persuadé que c'était son frère qui avait besoin de lui apparemment pour l'aider à charger, répondit :

— Un moment ; j'ai bientôt fait, j'y vais.

Si le prud'homme fut effrayé à son tour, je vous le laisse à penser. Il soupçonna dans tout ceci de la sorcellerie, et envoya aussitôt son fils chez le curé, le prier de venir avec son étole et de l'eau bénite. Le prêtre revêtit à la hâte son surplis, et suivit l'enfant. Pour arriver plus vite, ils prirent par le courtil où était le coupeur de choux. Celui-ci entendant marcher, et croyant que son frère revenait le prendre, lui cria :

— As-tu trouvé ?

— Oui, répondit l'enfant qui s'imaginait parler à son père.

— Eh bien, amène ! reprit l'autre ; j'ai un bon couteau, nous le tuerons tout de suite, de peur qu'il ne crie.

A ces paroles, jugez de l'effroi du curé. Il se crut trahi ; il jeta par terre son eau bénite et se sauva, abandonnant même son surplis qu'en fuyant il accrocha par hasard à un buisson. L'homme aux choux, qui, dans l'obscurité, aperçut quelque chose de blanc, vint voir ce que c'était, et trouva le surplis dont il s'empara. Il y avait longtemps qu'il avait rempli son sac, et qu'il n'attendait plus que son frère pour partir. Celui-ci vint enfin le rejoindre avec un mouton, et ils retournèrent chez eux où l'aventure du surplis les divertit fort. Depuis plusieurs mois il ne leur était pas arrivé de rire ; mais ce jour-là ils s'en dédommagèrent bien.

(Guillaume le clerc de Normandie.)

SONNET ESPAGNOL

Ses cheveux sont tordus. Sa lèvre cravoisie
Se crispe avec des airs qu'arrive-que-pourra.
Ses yeux sont si profonds qu'on voit l'Andalousie
Au travers. Sous sa robe elle a la Navarra.

Or, elle a prodigué son rut plein d'ambroisie
A quelque autre, et j'ai dit : « Cet autre-là mourra ! »
Car mon cœur débordait tout noir de jalousie :
Tel le Douro terrible irrigue la sierra.

Puisque le couple est âpre et que l'injure est raide,
Carrac ! Hors du fourreau, rapière de Tolède !
Pour l'amour de ma brune, à mon bras viens brandir !

Mon rival est un sombre hombre de la Castille ;
Mais pour timbrer son flanc d'une rude apostille,
Je deviens Espagnol et je m'entends grandir.

GABRIEL ROUIN.

L'Association des étudiants, de joyeuse renommée, fait savoir aux notoriétés montmartroises, qu'elle visitera solennellement le DIVAN JAPONAIS, *accompagnée de ses hérauts, porteurs de bannières et sonneurs de trompe, le lundi 3 décembre, jour de saint François Xavier.*

Hurrah ! hurrah ! hurrah !

Nous recevons de tous les côtés des lettres nous demandant où l'on peut trouver les œuvres complètes d'Erik Satie.

Une fois pour toutes, l'édition définitive des mélodies subtiles de ce délicieux compositeur n'est pas encore sur le chantier.

Cependant, moyennant une somme relativement dérisoire, le premier venu trouvera la *3e Gymnopédie* (une des plus belles), 66, boulevard Magenta. Qu'on se le trompette !

UN CONSEIL PAR AN

Lorsque vous serez au régiment, si par hasard vous êtes tambour, même sur l'ordre du colonel ne vous avisez jamais de battre la générale.

DIVAN JAPONAIS

75, rue des Martyrs

CONCERT TOUS LES SOIRS

PROGRAMME DU 1ᵉʳ AU 8 DÉCEMBRE

Le fameux SMITH
Le plus prodigieux des petits acrobates
Souplesse extravagante — Exercices vertigineux — Le seul rival de Marinelli, l'homme-serpent

LA SENORITA CARMEN DEL CASTILLO
Ballerina espanola et son lion
La Coronella — Caramba! — La Manola — Marianna la Gitana — La Fête à Séville — L'Etoile de Malaga

DJELMA
La créole, la perle de la Martinique
Ma Guadeloupe — Li bon noir — Chinoiserie — Colibri — Chante, bengali!

LEDUC (Débuts)
de l'Eldorado
Un invalide qui n'est pas d'bois — Yes, no! — L'as-tu vu? — Ça semble drôle — Soir et matin

M. NICOLINO
Rindzinblin — Bibi-bobino — La Fille du ferblantier — Tous soldats

Mmes SAPHO
Mlle Malaga — Coralie Bastiens — L'Aquarium modèle — Champagne-Margot

ALICE VAUTIER
Fleur de rosée — Fleurissez-vous, mesdames — Commencez l'feu! — Mon p'tit adjudant — Le Brosseur du colonel

MONTAL
Comique excentrique, voltigeuse
Tata — La Pschutteuse — La Reine du Cotillon — Zozo

YEDDA
Si j'avais créé l'monde! — La Briquette à ma sœur — Moi, j'tap' dans l'tas
C'est-y ça la révision! — Ronde comme un œuf

MERCÉDÈS
La Danse des Cocottes — Mon p'tit vin préféré — Le Vin de Beaune et de Nuits — Mimi Rigolade
Je frétille — Rentrera, rentrera pas — Mlle Sans-Façon

MM. CLERVILLE
Le Chat Noir — Le Verre — Une Bonne fortune (création) — Derrière la Musique militaire
L'Atelier de lingères

TROFEL
Rossignol français — La Coupe — Marthe — L'Ame en peine

CARMAN
Original-gommeux
Le Bouillon de la capitaine — Gobino — C'te p'tit' femme-là — Midoux, Bidouflard et moi

MARCELIN
A qui l'corset? — La Rue d'la Lune — Les Journaux d'Paris — J'aim' pas ces blagues-là!

ALBARD
Le roi de la Gigue
Dans ses créations excentriques
Albard-original-minstrel

INCESSAMMENT

LA REVUE DE FIN D'ANNÉE

A l'Etude :

LE JUGEMENT DE PÂRIS
(SCÈNE)
actualité en 1 acte

DÉBUTS DU PRIX DE BEAUTÉ

MATINÉES DIMANCHES ET FÊTES

DEPUIS LE SAMEDI 3 NOVEMBRE, TOUS LES JOURS, DE 4 A 7 HEURES

CONCERT-VERMOUTH DU DIVAN JAPONAIS
Aménagement spécial — Orchestre de 8 Musiciens sous la direction de M. DEMARQUOY

Le Gérant : JEHAN SARRAZIN.

Paris. — JEHAN SARRAZIN, imprimeur de la *Lanterne japonaise*,
7, rue Bleue.

PREMIÈRE ANNÉE. — N° 7   **10** Centimes   SAMEDI 8 DÉCEMBRE 1888

LA LANTERNE
JAPONAISE

BUREAUX
75, Rue des Martyrs, 75

PARAISSANT LE SAMEDI
Directeur : **JEHAN SARRAZIN**

ABONNEMENTS
1 an, 7 fr. — 6 mois, 4 fr

SUR UN MIROIR

Toutes les fois, miroir, que tu lui serviras
A se mettre du noir aux yeux ou sur la joue
La poudre parfumée, ou bien dans une moue
Charmante, son carmin aux lèvres, tu diras

« Je dormais reflétant les vers que sur l'ivoire
Il écrivit... Pourquoi de vos yeux de velours,
De votre chair, de vos lèvres, par ces atours,
Rendre plus éclatante encore la victoire ? »

Alors, si tu surprends quelque regard pervers,
Si de l'amour présent elle est distraite ou lasse,
Brise-toi, mais ne lui sers pas, petite glace,
A s'orner pour un autre, en riant de mes vers.

CHARLES CROS.

LE CONVOITEUX ET L'ENVIEUX

(FABLIAU)

Messieurs, je vous ai jusqu'ici assez conté de men-
songes. Je vais enfin vous dire une aventure vraie :
car le conteur qui ne sait que des fables ne mérite
point de paraître à la cour des grands. S'il entend
son métier, il doit entremêler habilement ses his-
toriettes, et, entre deux vertes, avoir soin d'en faire
passer une mûre. Telle est la mienne, que je vous
garantis vraie.

Il y a un peu plus de cent ans que vivaient deux
compagnons, gens assez pervers. L'un était un convoiteux dont rien ne pouvait rassasier les désirs, et
l'autre un envieux que désespérait le bien d'autrui.
C'est un homme bien haïssable que l'envieux, puisqu'il déteste tout le monde; mais l'autre est encore
pire, je crois : car c'est la convoitise et la rage d'avoir
qui prête à usure, qui invente des mesures fausses
et rend injuste et fripon.

Nos deux gens donc, un jour d'été qu'ils faisaient
route ensemble, rencontrèrent, dans une plaine,
saint Martin. Le saint, au premier coup d'œil,
connut leurs inclinations vicieuses, et la perversité
de leur cœur. Néanmoins il marcha quelque temps
de compagnie sans se faire connaître. Mais, arrivé à
un endroit où le chemin se partageait en deux, il
leur annonça qu'il allait les quitter; puis, se nom-
mant à eux, il ajouta pour les éprouver :

— Je veux que vous puissiez vous féliciter de
m'avoir rencontré. Que l'un de vous me demande un
don, je promets de le lui accorder à l'instant; mais
ce sera à condition que celui qui n'aura rien demandé obtiendra le double.

Le convoiteux, malgré toute l'envie qu'il avait de
faire un souhait magnifique, se promit bien cependant de se taire, afin d'avoir encore deux fois davantage. Il excitait son camarade à parler.

— Allons, bel ami, demandez hardiment, puisque
vous êtes sûr d'obtenir : il ne tient qu'à vous d'être
riche pour la vie; voyons si vous saurez souhaiter.

L'autre, qui serait mort de douleur si celui-ci eût
eu quelque chose de plus que lui, n'avait garde vraiment de déférer à cette instance. Tous deux restèrent

ainsi assez longtemps sans vouloir se décider. Mais
le premier, que dévorait la soif d'avoir, ayant me-
nacé son compagnon de le battre s'il ne parlait :

— Eh bien, oui, je vais demander, répondit l'envieux en colère, et, loin d'y gagner, tu t'en repen-
tiras.

Alors il demanda au bienheureux de perdre un
œil, afin que son camarade perdît les deux. Sa prière
fut exaucée à l'instant même; et tout le parti qu'ils
tirèrent de la bonne volonté du saint, ce fut d'être
l'un borgne et l'autre aveugle.

JEAN DE BOVES.

MIROIR PLEIN

Tout plein de ton image est ce miroir joli
Au cadre d'or orné d'une immense guirlande,
Où pendant bien des jours, ô perle de l'Irlande!
Rêveuse, tu miras ton visage pâli.

Oh! souvent mon regard anxieux cherche à l'y
Retrouver charmant comme une fleur de la lande,
Charmant comme quand tu combinais ton plan de
Coiffure et de toilette, ô ma svelte Nelly!...

Seul parfois ton reflet vient frisonner encore,
Comme un mort parfum dont l'essence s'évapore,
Comme un lointain parfum par le temps affaibli.

Et tant de fois ma lèvre effleure cette place
Où ton souffle a terni le brillant de la glace,
Que plein de mes baisers est ce miroir joli.

J. P. CONTAMINE DE LATOUR.

L'ALBUM A VIRGINIE

Montmartriana.

Avenue Trudaine, un monsieur entre deux âges, mais
plutôt vieux, est assis en compagnie d'une grande rousse
à la terrasse d'un café.

Passent deux gosselines d'une douzaine d'années.

— Génie! Génie! regarde donc! fait la plus grande en
désignant le groupe : papa!... avec une femme... !

— Oh!... (un temps) Viens-tu lui demander un sou?...

.

M. Gavroche fils est en villégiature. Il fait mauvais
temps. M. Gavroche aperçoit à travers les vitres une
campagne interminable, une mer de verdure qui s'étend

jusqu'à l'horizon. Tout à coup la pluie redouble. M. Gavroche fils résume la situation d'un seul mot :

— Ah ! mince, s'écrie-t-il, la campagne qui met de l'eau dans sa verte !...

**

La petite X... est une gaffeuse comme on en voit rarement. Charmante, mais gaffeuse !

Il y a quelque temps, son heureux propriétaire ou tout au moins son principal locataire, le musicien Erik Satie, lui présente un camarade :

— Un tel... excellent garçon... vieux copain... nous sommes connus aux Petites-Voitures !...

Et la demoiselle, pavée de bonnes intentions, répond avec son sourire le plus aimable :

— Enchantée, monsieur... les amis de nos amants sont nos amants !

Virginie Lebeau.

GOGUENOT

Le père Cabinet — nous l'appelions Goguenot — avait gardé, malgré ses cheveux blancs, une certaine vigueur physique, mais je puis dire, sans crainte de démenti, qu'au moral il était un peu fatigué.

Tous les matins, il s'en allait au pas gymnastique, avec le parapluie sur l'épaule, remplir ses doubles fonctions de professeur de chimie et de maître d'écriture, et, sans même souffler, arrivait bon premier, « dans un canter, les mains basses, » ayant semé sur le chemin les morveux assez osés pour l'avoir voulu « tenir ».

Aussitôt en classe, il se mettait à tracer au tableau de mystérieuses et cabalistiques figures tendant, d'après ses théories particulières, à expliquer la forme des lettres par la géométrie. Il essayait ensuite un petit commentaire, mais, au bout de trois mots, voilà que le pauvre Goguenot s'embrouillait, bafouillait, bavait, puis, exaspéré, pleurnichait en trépignant d'une impossible colère de vieux bébé. Son calme repris, il flanquait avec dignité toute la classe à la porte et, resté seul, proposait aux tables et aux bancs des modèles d'écriture dans le genre de celui-ci : « Suivant la nouvelle diplomatique, Charles V et Charles VII, rois de France, écrivaient avec élégance et mieux qu'aucun maître de leur temps. » Au bout d'une heure de fignolage, il pleurait de joie et s'endormait du sommeil de l'innocence.

Pour les compositions, sa critique procédait d'un rigide désintéressement; on ne pouvait certes pas l'accuser de favoritisme, et je recommande le truc suivant à nos jurés ordinaires dont, comme chacun sait, le niveau intellectuel n'est guère plus élevé que celui de Cabinet dit Goguenot.

Rentré chez lui, — toujours au pas gymnastique — il se mettait en manches de chemise, bombant ses pectoraux avec un air de résolution extraordinaire, comme un déménageur qui va agiter quelques armoires à glace, posait son chapeau à terre au milieu de la chambre et, d'une main ferme, lançait en l'air toutes les copies, Il

ramassait d'abord la feuille tombée le plus près de son couvre-chef, inscrivait le nom du signataire en tête de la liste, et ainsi de suite.

A la fin de la semaine, il proclamait les places devant le directeur :

— Premier, Chougoux... en voilà une copie sale et mal écrite ! Deuxième, Huntel... ah ! très bien ! très bien !

Et, si le patron lui faisait quelque observation — très anodine, en raison de ses cheveux blancs et de son vénéré gâtisme — il répondait victorieusement que, dans le monde, les meilleurs n'étaient pas les premiers. Lui-même, Goguenot, quoique très pauvre, valait bien mieux qu'un tas de canailles très riches.

A la mairie, le cours de chimie professé le soir par le père Cabinet était très suivi. Il s'y livrait à d'originales expériences, fertiles en péripéties et amenant généralement les résultats les plus inattendus.

Un jour il dit, en montrant une petite fiole :

— Ça, c'est du cyanure de potassium ; deux gouttes de ça sur le nez, et bing! un cheval mort !

Et comme un murmure d'incrédulité s'élevait dans la salle :

— Bon! Très bien! Parfait! Eh bien, mes amis, je ferai l'expérience dimanche à la porte Dauphine. Deux gouttes, et bing! ça y est.

Le dimanche, il y eut foule à la porte Dauphine pour voir « l'expérience » de Goguenot.

Il s'avança, calme et grave, sûr de lui. Une rosse était là, achetée à l'équarrisseur par souscription municipale, et qui avait une plaie sur le dos. On ne respirait plus quand Goguenot leva sa petite bouteille. Sur la plaie, il versa deux gouttes, et je ne sais ce que contenait la fiole, mais le pauvre coursier hennit de douleur, lança une ruade et partit ventre à terre; on ne l'a jamais revu.

Devant cet effondrement de sa réputation, devant les contorsions épileptiques des spectateurs exhilarés, ce qui restait de cervelle au pauvre bonhomme se vaporisa instantanément; il poussa des « ga, ga...drrr ga », fit quelques gestes obscènes et tomba raide (1).

Raphaël Choumard.

(1) Il était mort. — N. D. L. R.

LIRE

dans les prochains numéros de la

LANTERNE JAPONAISE

LES PRÉDICTIONS COMIQUES

ET PRONOSTICATIONS

Pour l'année 1889

DIVAN JAPONAIS

75, rue des Martyrs

CONCERT :TOUS LES SOIRS

PROGRAMME DU 8 AU 15 DÉCEMBRE

Le fameux SMITH
Le plus prodigieux des petits acrobates
Souplesse extravagante — Exercices vertigineux — Le seul rival de Marinelli, l'homme-serpent

LA SENORITA CARMEN DEL CASTILLO
Ballerina espanola et son lion.
La Coronella — L'Alcade — La Manola — Marianna la Gitana — La Fête à Séville — L'Etoile de Malaga

DJELMA
La créole, la perle de la Martinique
Ma Guadeloupe — Li bon noir — Macaïgué — La Négresse et le Mandarin — Chante, bengali! — Chanson Haïtienne

LEDUC
de l'Eldorado
Les Refrains légendaires — L'Amoureux de Jeannette — Un Invalide qui n'est pas d'bois — Yes, no! — L'Antiquaire
Soir et Matin

M. NICOLINO
La France — Galimard — Bibi-bobino — La Fille du ferblantier — Tous soldats

Mmes SAPHO
Le Piston d'Hortense — Mlle Malaga — Coralie Bastiens — Champagne-Margot

ALICE VAUTIER
La Perle d'Epinay — Mon p'tit lieutenant — Fleur de rosée — Fleurissez-vous, mesdames — Commencez l'feu!

MONTAL
Comique excentrique, voltigeuse
Cours de danse — Fleur du Tivoli — La Pschutteuse — La Reine du Cotillon — Cascadette au Casino

YEDDA
Tiens, v'là Bobinard! — Albert — Si j'avais créé l'monde! — Moi, j'tap' dans l'tas
C'est-y ça la révision! — Ronde comme un œuf

MERCÉDÈS
La P'tite Amanda — La Marquise de Réséda — La Danse des Cocottes — Mon p'tit vin préféré
Le Vin de Beaune et de Nuits — Rentrera, rentrera pas — Mlle Sans-Façon — Mes 4 Gommeux

MM. CLERVILLE
Le Chat Noir — Le Verre — Une Bonne fortune (création) — Derrière la Musique militaire
Arrêtez-vous, mademoiselle — Lodoïska

MIRALLY (*Débuts*)
Salut, soleil! — La Chanson des peupliers — Le Vin de Barsac — Zulma

CARMAN
Original-gommeux
Dans la rue Blanche — C'est Paméla — Le Bouillon de la capitaine — Gobino — C'te p'tit' femme-là
Midoux, Baluflard et moi — Mademoiselle

MARCELIN
Le Mollet d'Eglantine — Cascamèche — Laripette — La Rue d'la Lune — Les Journaux d'Paris

ALBARD
Le roi de la Gigue
Dans ses créations excentriques
Albard-original-minstrel

INCESSAMMENT

LA REVUE DE FIN D'ANNÉE

A l'Etude :

LE JUGEMENT DE PÂRIS
(SCÈNE)
actualité en 1 acte

DÉBUTS DU PRIX DE BEAUTÉ

MATINÉES DIMANCHES ET FÊTES

DEPUIS LE SAMEDI 3 NOVEMBRE, TOUS LES JOURS, DE 4 A 7 HEURES

CONCERT-VERMOUTH DU DIVAN JAPONAIS
Aménagement spécial — Orchestre de 8 Musiciens sous la direction de M. DEMARQUOY

Le Gérant : JEHAN SARRAZIN.

Paris. — JEHAN SARRAZIN, imprimeur de la *Lanterne japonaise*
7, rue Bleue.

PREMIÈRE ANNEE. — N° 8   **10** Centimes   SAMEDI 15 DÉCEMBRE 1888

LA LANTERNE
JAPONAISE

BUREAUX
75, Rue des Martyrs, 75

PARAISSANT LE SAMEDI
Directeur : **JEHAN SARRAZIN**

ABONNEMENTS
1 an, 7 fr. — 6 mois, 4 fr

LE MARCHÉ DE MONTMARTRE

LE MARCHÉ DE MONTMARTRE

Assis au pied de la Butte et couronné de verdure par le square Saint-Pierre, où tant de jeunes danseuses ont esquissé leurs premiers pas, le Marché de Montmartre est l'un des plus pittoresques et des plus amusants de Paris.

Le Sacré-Cœur dresse au-dessus de lui sa silhouette fantastique.

Les jours de soleil, rien n'est plus gai que ce petit coin bigarré où les bourgeoises du quartier coudoient les ingénues du théâtre Montmartre et les habitués de l'Elysée.

Avec leurs peignoirs de toutes couleurs et leurs cheveux ébouriffés à la diable, les petites dames qui règnent le soir dans les cafés joyeux de Montmartre et dans les théâtres du boulevard viennent modestement acheter la salade prosaïque et le lapin maudit, — tout comme les bonnes ménagères du Marais.

Emmitouflés de dentelles, les petits modèles avec leurs mines futées passent avec leurs boîtes à lait ; les marchandes de violettes se promènent jetant le parfum de leurs fleurettes sous tous ces petits nez roses, tandis que le sergent de ville impénétrable fait les cent pas, pourchassant de ci, de là les irréguliers de l'échalote et les camelots de la botte de cresson.

— Un mètre cinquante pour deux sous, marqué des deux côtés ! crie un vieux juif.

— Demandez des lacets ! glapit un autre.

Le marché fait, la causette terminée, les petites bohèmes de la Butte boivent un verre de cidre au *Bonhomme Normand* et rentrent faire leur popote en songeant aux chapeaux bizarres et aux toilettes ébouriffantes qu'elles mettront le soir pour aller aux Montagnes Russes, au Skating, où ailleurs.

JEHAN SARRAZIN.

A CELLE QUE JE DEVRAIS NE PLUS AIMER

Quand je te reverrai, sais-je si ma démence
Ne me reprendra point, et si mon pauvre cœur
N'ira point, oubliant sa trop juste rancœur,
Implorer à genoux un regard de clémence ?

Sais-je ? Peut-être encor ma naïve romance,
En l'espoir d'attendrir ce petit Dieu moqueur,
Ton fin sourire rouge et barbare et vainqueur,
Aura le mauvais goût de ce qui recommence ?

Hélas ! je sais trop bien qu'à l'heure du revoir
Ma bouche accomplira de nouveau la neuvaine
Dont la ferveur est folle et la prière vaine,

Puisque nul ici-bas n'est digne d'émouvoir
Le muscle vide et creux, glacé comme les choses,
Qui bat sous tes seins blancs sertis de perles roses !

EDMOND FAZY.

DU MARCHAND QUI PERDIT SA BOURSE

Un riche marchand portait dans un sac mille écus, avec un serpent d'or, dont les yeux étaient de jagonce. En parcourant la ville, son sac se perdit. Il courut de suite au bedeau, et fit crier dans les rues que celui qui le lui rapporterait aurait pour récompense cent écus.

Un pauvre homme l'avait ramassé ; mais dès qu'il apprit qu'on le réclamait, il voulut aller le rendre. Sa femme s'y opposa tant qu'elle put. Elle prétendait que, puisque Dieu leur avait envoyé cette bonne fortune, il fallait en profiter.

— Non, disait le bonhomme, argent dérobé ne fait jamais profit. Soyons honnêtes gens, c'est le moyen d'être estimés ; et puis, après tout, les cent écus qui sont promis ne suffisent-ils pas pour nous mettre à notre aise et nous rendre riches à jamais ?

Il alla donc chez le marchand et lui demanda la récompense qu'il avait fait annoncer par le bedeau. Mais l'autre qui était un malhonnête homme et qui eût voulu ne rien donner, ouvrant le sac, comme pour voir si tout s'y trouvait, dit qu'il manquait un serpent d'or, et qu'il y en avait deux quand il l'avait perdu.

Sur cela, grande dispute. Les riches de la cité survinrent. Ils ne manquèrent pas de prendre parti pour le marchand qui était bourgeois comme eux, et, selon l'ordinaire, de se déclarer contre le pauvre, qu'ils accusèrent de larcin et qu'ils conduisirent devant le juge.

Le bruit que firent ces débats parvint aux oreilles du roi. Il se fit amener les parties, et chargea du jugement de ce procès le philosophe dont je vous ai déjà parlé.

Le sage alors appela l'homme pauvre. Il lui fit jurer qu'il n'avait rien pris du sac ; après quoi il prononça ainsi :

« Ce marchand est un homme d'honneur que je n'ai garde de soupçonner, assurément. Ses discours ne peuvent manquer d'être vrais, et encore une fois je ne le crois pas capable de demander ce qui ne lui appartiendrait pas. Mais il réclame un sac avec deux serpents. Or, celui-ci n'en a qu'un ; ce n'est donc pas le sien, et je lui conseille de le faire de nouveau crier par le bedeau.

LA LANTERNE JAPONAISE

Quant au sac que voilà, comme il n'a point de maître, il est de plein droit à vous, sire roi; et je suis d'avis que vous le gardiez jusqu'au moment où viendra se présenter quelqu'un auquel on sera sûr qu'il appartient. Mais cependant cet honnête homme qui a eu la probité de le rapporter, a compté sur cent écus. On les lui avait promis; et il est juste qu'il ne sorte pas sans les recevoir. »

Le roi, ainsi que l'assemblée, approuva cette sentence; et ce qu'avait proposé le philosophe fut suivi.

JEAN DE BOVES.

MANDOLINE

Les donneurs de sérénades
Et les belles écouteuses
Echangent des propos fades
Sous les ramures chanteuses.

C'est Tircis et c'est Aminte,
Et c'est l'éternel Clitandre,
Et c'est Damis qui pour mainte
Cruelle fait maint vers tendre.

Leurs courtes vestes de soie,
Leurs longues robes à queues,
Leur élégance, leur joie
Et leurs molles ombres bleues

Tourbillonnent dans l'extase
D'une lune rose et grise,
Et la mandoline jase
Parmi les frissons de brise.

PAUL VERLAINE.

AMOUR-PROPRE

Aimez-vous les salles d'armes ? Moi, je les adore, — je les aime même mieux que ce terrain où un tas de grincheux veulent tout le temps vous emmener à propos de bottes, — et, quand je suis bien masqué, bien matelassé, quand je sens les gracilités de mon corps d'éphèbe à l'abri des bleus et des égratignures, je deviens très brave, moi ! et le froissement de l'acier m'emplit d'ardeurs épiques. — Vous m'excuserez, je ne puis m'empêcher de parler un peu de moi, je m'intéresse tant! Mais ce n'est pas de moi qu'il s'agit.

Le marquis de Mondeaux était un fanatique de l'escrime. Il fallait l'entendre, en plein assaut, rugir comme un vieux lion : « Et là ! — il y en a un peu ! — bien fait, monsieur ! — Ah ! ça passe ! — Hop ! » et le voir voltiger comme une mouche un peu obèse autour de son adversaire ébloui, se fendant comme le marron sous les doigts exercés du Savoyard, se relevant comme... est-ce que je sais !... comme quelque chose qui se relèverait très vite. Il ne pensait qu'à l'estoc, mais n'aimait pas à être touché, et son damné amour-propre lui faisait nier les coups les moins douteux.

Un jour qu'il regardait un monsieur d'un air par trop contemptueux, l'autre, qui n'était pas trop commode, lui flanqua un ping sur la gueule (si je puis m'exprimer ainsi). Ils se chiquèrent un peu (comme dit l'autre) (1), et, le lendemain, les voilà tous les deux sur le terrain. J'étais témoin. Ting ! ting ! les coquilles des épées sonnaient d'un froid à vous faire imiter l'odieuse conduite du geai (2).

Soudain, sur un foudroyant dégagement de son adversaire, nous vîmes le marquis chanceler; il était fumé ! (passez-moi l'expression). Nous ne pûmes que nous précipiter, trop tard, pour le recevoir dans nos bras (merci ! pour tacher ma redingote), mais encore à temps pour l'entendre murmurer : « Bien fait, monsieur! mais ça passe ! » et il expira.

RAPHAEL CHOUMARD.

Les Contes du Chat Noir — (*1re Série - l'Hiver*), par Rodolphe SALIS, seigneur de Chatnoirville-en-Vexin, viennent de paraître à la Librairie Illustrée, 7, rue du Croissant; — 1 vol. in-8°, 3 fr. 50 — 200 dessins.

« *Vecy sur ma foy ung libvre de haulte gresse!* » aurait dit Rabelais.

Nous pensons simplement que le joyeux seigneur de Chatnoirville a conté, avec sa belle humeur, les vieilles histoires du bon vieux temps, qui sortent chaque jour de sa cervelle gauloise, comme Minerve du cerveau de Jupiter.

La morale de ces esbaudissants récits est que le malheur s'abat souvent sur la tête de messieurs les cocus, et c'est une jolie morale, il nous semble, pour les amateurs de joyeusetés.

LIRE

dans les prochains numéros de la

LANTERNE JAPONAISE

LES PRÉDICTIONS COMIQUES

ET PRONOSTICATIONS

Pour l'année 1889

(1) Jules Lemaître, *Les Contemporains.*
(2) Se... soulager comme un geai. (Acad.)

DIVAN JAPONAIS

75, rue des Martyrs

CONCERT TOUS LES SOIRS

PROGRAMME DU 15 AU 22 DÉCEMBRE

TREWEY II (Débuts)
Le Roi des jongleurs
Original indian and american equilibrist, dans ses nouveaux exercices japonais

Le fameux SMITH
Le plus prodigieux des petits acrobates
Souplesse extravagante — Exercices vertigineux — Le seul rival de Marinelli, l'homme-serpent

DJELMA
La créole, la perle de la Martinique
La Reine des savanes — Zulma — Voyage à Manille — Le Chant du colibri — Ma Guadeloupe — Li bon noir
Macaïgué — Chanson Haïtienne

LEDUC
de l'Eldorado
Tranquillement — Faut que j'rigole un brin — Mazette — L'Amoureux de Jeannette — Yes, no! — Soir et Matin

M. NICOLINO
Autour des Halles — Sébastien — Le Parisien — La France — Bibi-Bobino — Tous soldats

Mmes SAPHO
En suivant l'régiment — La Digue-Digue — Le Piston d'Hortense — Champagne-Margot

ALICE VAUTIER
La Duchesse de Monaco — La Belle Ida — La Protectrice du commerce — La Perle d'Epinay — Fleur de rosée
Fleurissez-vous, mesdames

MONTAL
Comique excentrique, voltigeuse
Les Types dansants — La Cascadeuse — J'débute dans la danse — Fleur du Tivoli — La Reine du Cotillon

YEDDA
La Femme du 13 jours — Une Petite folle — Tiens, v'là Bobinard! — Si j'avais créé l'monde!
Moi, j'tap' dans l'tas — C'est-y ça la révision !

MM. CLERVILLE
Le Chat Noir — Le Verre — Une Bonne fortune (création) — Derrière la Musique militaire
L'Atelier de lingères — Comment vas-tu, ma vieille ? — Arrêtez-vous, mademoiselle — Lodoïska

MIRALLY (*Débuts*)
Le Troupier français — Le Vin du Rhin — France, sèche tes pleurs — Quand les prés sont verts

CARMAN
Original-gommeux
J'attends la révision — Pas comme ma sœur — A Batignolles — Dans la rue Blanche — Gobino
Midoux, Baluflard et moi — Mademoiselle

MARCELIN
Les Crimes de Blézimard — Si ma sœur en avait — Laripette — La Rue d'la Lune — Les Journaux d'Paris

ALBARD
Le roi de la Gigue
Dans ses créations excentriques
Albard-original-minstrel

INCESSAMMENT

LA REVUE DE FIN D'ANNÉE

A l'Etude :

LE JUGEMENT DE PÂRIS
(SCÈNE)
actualité en 1 acte

DÉBUTS DU PRIX DE BEAUTÉ

MATINÉES DIMANCHES ET FÊTES

DEPUIS LE SAMEDI 3 NOVEMBRE, TOUS LES JOURS, DE 4 A 7 HEURES

CONCERT-VERMOUTH DU DIVAN JAPONAIS

Aménagement spécial — Orchestre de 8 Musiciens sous la direction de M. DEMARQUOY

Le Gérant : JEHAN SARRAZIN.

Paris. — JEHAN SARRAZIN, imprimeur de la *Lanterne japonaise*
7, rue Bleue.

PREMIÈRE ANNÉE — N° 9   10 Centimes   SAMEDI 22 DÉCEMBRE 1888

LA LANTERNE
JAPONAISE

BUREAUX   PARAISSANT LE SAMEDI   ABONNEMENTS
75, Rue des Martyrs, 75   Directeur : JEHAN SARRAZIN   1 an, 7 fr. — 6 mois, 4 fr

AU BUREAU DE POSTE.

— Pour toucher, madame, il vous faut une enveloppe, un papier quelconque établissant votre identité.

— Voici ma carte de pesage.

UNE BONNE HISTOIRE

On m'en a conté une bien bonne. Je vais vous la dire.

Un étudiant n'avait pour déjeuner, un matin, qu'un petit pain d'un sou. Afin que le pain pût passer plus aisément, il alla au cabaret et demanda une chope. Le tavernier, qui était un homme grossier et bourru, après avoir rempli la mesure au tonneau, vint présenter impoliment la chope au pauvre gentilhomme; et il versa la bière avec tant de rudesse qu'il en répandit la moitié. Pour comble d'insolence, il ajouta :

— Vous allez devenir rudement riche, mon vieux; car bière répandue est signe de bonheur.

Se fâcher contre ce brutal, c'eût été perdre son temps. L'étudiant s'y prit avec plus d'adresse. Il lui restait encore dix sous (50 centimes); il les donne au tavernier et lui demande un morceau de fromage pour manger avec son pain.

Celui-ci prend les dix sous d'assez mauvaise grâce, et monte au cellier chercher ce qu'on lui demande.

L'étudiant, pendant ce temps, va au tonneau, arrache le robinet et laisse couler la bière.

L'autre, quand il redescend et qu'il voit sa bière ruisseler, court vite boucher le tonneau et revient furieux sur le gentilhomme, qu'il veut battre.

Mais l'étudiant, qui était très fort, le jette sur ses barils qu'il brise, et si les voisins ne fussent accourus, il l'eût peut-être tué.

Cependant l'affaire fut portée devant les tribunaux. Le tavernier parla le premier et demanda dédommagement. Le tribunal, avant de condamner l'étudiant, voulut savoir ce qu'il avait à répondre. Celui-ci raconta alors son aventure très exactement, puis il ajouta :

— Cet homme m'avait dit que la bière répandue portait bonheur et que j'allais devenir riche, moi à qui il avait fait perdre la moitié d'une chope. La reconnaissance m'a rendu libéral et, pour l'enrichir plus que moi encore, je lui ai répandu la moitié du tonneau.

Tous les juges applaudirent à ce bon mot.

Et, après avoir ri de fort bon cœur, le président renvoya les parties en disant :

— Ce qui est répandu est répandu (1). »

BERNIER.

(1) Le président M.***, qui est fort gourmet, voulut savoir le fin mot de cette histoire. Il se rendit donc un soir chez le tavernier, qui était devenu l'homme le plus poli du monde. Là, s'étant fait servir de la bière, il la trouva délicieuse et en commanda sur-le-champ 50 barils pour sa maison. La chose n'est pas surprenante, car c'était de l'exquise *bière de Maxéville,* la plus savoureuse et la plus goûtée de toutes les bières connues.

AU-DESSOUS DE ZÉRO

La nuit souffle sur les toits blancs.
Comme il fait froid ! — Sur la chaussée,
Les monceaux de neige entassée
Brillent dans l'ombre étincelants;
Les vitres ont des chevelures;
Et le long du trottoir glissant,
On ne voit qu'un gueux caressant
    Ses engelures.

Les gens riches sont à couvert ;
Ils sont derrière ces croisées
Qui flambent toutes embrasées
Et semblent rire de l'hiver ;
Ils sont dans les cafés où flotte
La lueur du gaz étouffant,
Ou dans les sapins, se chauffant
    Sur la bouillotte.

Cependant voilà que, bravant
Ces températures polaires,
Apparaissent des robes claires
Que cravachent les coups de vent ;
Oh! pauvres cigales rebelles!
Osant encor, comme aux chaleurs,
Parler d'amour et montrer leurs
    Bas en dentelles!

Toutes blêmes et les yeux gros,
En boule comme des cloportes,
Elles stationnent aux portes
Des cafés, et près des carreaux
Qui fondent sous leur tiède haleine,
Elles guettent, en soupirant,
Le monsieur qui se lève et prend
    Son mac-farlane.

Hélas! la chanson des amours
Sonne mal et n'est plus comprise,
La voix pleurarde de la bise
Domine les tendres discours;
Et ces longs manteaux de malade,
Qu'elles abordent sans choisir,
Semblent n'avoir aucun désir
    De rigolade.

Les oreilles, les yeux, les nez
Se cachent sous les pèlerines ;
En vain, elles offrent, câlines,
Les plaisirs les plus raffinés
Pour les présents les plus modiques,
D'heure en heure, baissent leur taux;
— Hâtant le pas, les longs manteaux
    S'en vont, pudiques.

A.-M. BEAUVAIS.

PRONOSTICS POUR L'ANNÉE 1889

De quoi rire et s'amuser en société.

Depuis Charles IX (rien de M. Charles Chincholle), toutes les années ont débuté par le mois de janvier : c'est un usage contre lequel nous nous sentons impuissants à réagir.

Dans les commencements, le mois de janvier était consacré à Janus, dit Pile ou face; on a tout changé, maintenant il est consacré aux étrennes.

Le mois de janvier de l'année 1889 sera fertile en événements imprévus.

Le premier jour, des individus habillés comme les employés des postes et télégraphes — c'en seront, du reste — viendront faire une petite quête à votre domicile en vous présentant un fallacieux petit rectangle de carton, de couleur variable, dit calendrier.

En échange, ils exigeront une certaine redevance dont le chiffre sera basé sur le nombre de lettres que vous recevez dans le courant de l'année.

Au besoin, prenez le petit rectangle de carton, mais abstenez-vous soigneusement de donner la somme demandée.

D'autres individus de l'espèce la plus dangereuse, qui se targueront d'être vidangeurs, succéderont aux employés des postes, animés des mêmes intentions.

On les reconnaîtra facilement à ce signe distinctif, qu'ils diront en entrant : Bonjour, patron l c'est nous les vidangeurs !

Ceux-là ne vous offriront pas de petit carton, mais en revanche ils seront porteurs d'un mignon tonnelet, emblème de leur art.

Au besoin, prenez le tonnelet, mais... (Voir plus haut.)

Dans les cafés, les garçons vous serviront de mauvais cigares infumables, entourés d'une faveur rose ou verte, à moins pourtant qu'elle ne soit jaune, ce qui arrivera.

Ne vous y laissez pas prendre : c'est encore une invitation aux étrennes...

Au besoin, prenez les cigares, mais... (Voir plus haut.)

En résumé, ne donnez d'étrennes à personne... Si, pourtant; aux employés des pompes funèbres, pour vous concilier leurs bonnes grâces...

Les prédictions qui précèdent sont toutes d'une vérité rigoureuse.

D'ailleurs les astres ne trompent jamais. C'est en les consultant que nous nous sommes aperçus que les événements les plus importants du mois de janvier devaient se passer dans la première et la seconde quinzaine de celui de février.

.*.

Le mois de février de l'année qui nous occupe, n'aura que 28 jours.

Les employés seront dans la jubilation. Par compensation, les patrons feront une tête ! Déjà plusieurs de ces messieurs sont venus nous trouver pour tâcher d'arranger la chose.

Nous n'y pouvons rien.

Pendant le mois de février, les rhumes de poitrine et ceux de cerveau séviront avec rigueur.

Les personnes qui tousseront, pourront se guérir en évitant soigneusement de sucer des boules de gomme. Tout est là.

Celles atteintes de rhumes de cerveau n'auront qu'à prendre patience : le rhume de cerveau n'est généralement pas éternel.

Notons en terminant que la plupart des faits saillants du mois de février se passeront dans le courant du mois de mars.

.*.

En mars, les premiers bourgeons feront leur apparition aux branches des arbres du boulevard et sur le nez des poivrots.

Les effluves du printemps se feront sentir...

Les plus farouches madrigaliseront alors aux genoux des belles.

M. Paul Déroulède adressera des déclarations à la lune !

Mais la lune le narguera avec un air de lui dire : Ce n'est pas toi qui me feras changer de quartier !

.*.

Nos renseignements personnels nous permettent d'affirmer qu'il y aura une Exposition universelle, vers le milieu de l'année 1889.

Mais on ne la verra pas, à cause de la Tour Eiffel...

(A suivre.)

CŒUR SIMPLE

Dans les douces tiédeurs des chambres d'accouchées
Quand à peine, à travers les fenêtres bouchées,
Entre un filet de jour, j'aime, humble visiteur,
Le bruit de l'eau qu'on verse en un irrigateur,
Et les cuvettes à l'odeur de cataplasme.
Puis la garde-malade avec son accès d'asthme,
Les couches, où s'étend l'or des déjections,
Qui sèchent en fumant devant les clairs tisons,
Me rappellent ma mère aux jours de mon enfance;
Et je bénis ma mère, et le ciel, et la France.

CHARLES CROS.

INCESSAMMENT

OUVERTURE DU TEMPLE DE LA BONNE HUMEUR

SOUS-SOL DU DIVAN JAPONAIS

Tous les jours, de 11 heures 1/2 à 2 heures

Vieilles chansons gauloises
Chansons joyeuses de BÉRANGER, DARCIER, PIERRE DUPONT, etc.
Monologues et fantaisies extra-modernes

DIVAN JAPONAIS

75, rue des Martyrs

CONCERT TOUS LES SOIRS

PROGRAMME DU 22 AU 29 DÉCEMBRE

TREWEY II
Le Roi des jongleurs
Original indian and american equilibrist, dans ses nouveaux exercices japonais

GERMAIN DUVAL (Débuts)
Dans ses imitations nouvelles (genre Plessis)

Le fameux SMITH
Le plus prodigieux des petits acrobates
Souplesse extravagante — Exercices vertigineux — Le seul rival de Marinelli, l'homme-serpent

DJELMA
La créole, la perle de la Martinique
L'Oiseau des savanes — Zizi la mulâtresse — La Négresse et le Mandarin — La Reine des savanes — Macaïgué
Le Chant du colibri — Ma Guadeloupe — Chanson Haïtienne

LEDUC
de l'Eldorado
Le Chanteur toqué — Je viens de perdre mon gibus — Le Vin de Marsala — Verse du Suresnes — Yes, no!
Faut que j'rigole un brin

Mmes LOUISE DECOURCELLE (Débuts)
La Judic de Montmartre
J'faisais comm' ça — Le Panier d'œufs — Pancrace m'apprend la polka — Le Moulin des baisers
Les P'tits soupirs — La Balançoire

Rentrée de NELLY DEMEAH
La Bouquetière — Royal-gommeuse — Chut! on vient — La Rose du Cantal — Mon p'tit mari
Le Panache du tambour-major

SAPHO
Le Cornet à piston — Mon Contrebassiste — En suivant l'régiment — La Digue-Digue — Le Piston d'Hortense

MM. CLERVILLE
Le Bal à dix ronds — Pendant l'exercice — L'Agence matrimoniale — Le Chat Noir — Le Verre
Derrière la Musique militaire

MIRALLY
Les Cloches de Bagnolet — Verse-moi du Bourgogne — Le Troupier français — Le Vin du Rhin
Quand les prés sont verts — La Valse du Bourgogne

CARMAN
Original-gommeux
Dans la colonne de Juillet — Elle m'a fait d'l'œil — Ah! mince! — J'attends la révision — Pas comme ma sœur
A Batignolles — Dans la rue Blanche — Mademoiselle

MARCELIN
Le Flagrant délit — Les Crimes de Blézimard — Si ma sœur en avait — La Rue d'la Lune — Les Journaux d'Paris

ALBARD
Le roi de la Gigue
Dans ses créations excentriques
Albard-original-minstrel

Rentrée de Mlle ELISE
Dans ses nouvelles créations

INCESSAMMENT

LA REVUE DE FIN D'ANNÉE

A l'Etude :

LE JUGEMENT DE PÂRIS
(SCÈNE)
actualité en 1 acte

DÉBUTS DU PRIX DE BEAUTÉ

MATINÉES DIMANCHES ET FÊTES

DEPUIS LE SAMEDI 3 NOVEMBRE, TOUS LES JOURS, DE 4 A 7 HEURES

CONCERT-VERMOUTH DU DIVAN JAPONAIS

Aménagement spécial — Orchestre de 8 Musiciens sous la direction de M. DEMARQUOY

Le Gérant : JEHAN SARRAZIN.

Paris. — JEHAN SARRAZIN, imprimeur de la *Lanterne japonaise,*
7, rue Bleue.

PREMIÈRE ANNEE. — N° 10.   **10** Centimes   SAMEDI 29 DÉCEMBRE 1888

LA LANTERNE
JAPONAISE

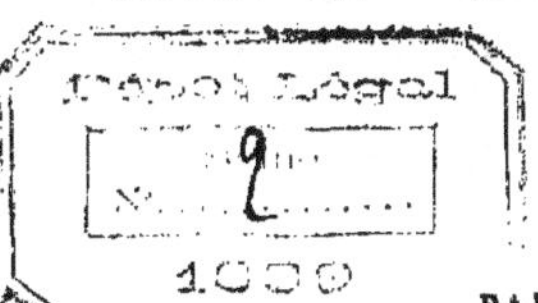

BUREAUX   PARAISSANT LE SAMEDI   *ABONNEMENTS*
75, Rue des Martyrs, 75   *Directeur :* **JEHAN SARRAZIN**   1 an, 7 fr. — 6 mois, 4 fr

LA LETTRE DE BONNE ANNÉE

CHRISTMAS

Il y a maintenant trois ans de cela, c'est-à-dire à l'époque de Noël, je me trouvais détenu dans une prison du Yorkshire, en prévention de vol, escroquerie, chantage, le tout compliqué d'une assez vilaine histoire de mœurs, sur laquelle il me serait pénible d'insister ici.

Ce qui me vexait le plus, en cette occurrence, c'était moins la détention elle-même que le moment auquel elle se produisait.

J'ai toujours adoré Christmas, la fête des babies, la fête du foyer, Christmas, le bon Christmas.

En Angleterre, dans le Yorkshire surtout, la fête de Noël revêt un caractère de charme et d'intimité dont le boudin parisien ne donne qu'une lointaine idée.

Pour ce qui était de l'intimité, je n'avais pas à me plaindre ; au contraire. Ma cellule était intime, trop peut-être.

Mon geôlier... Oh! l'étrange geôlier !

C'était un ancien *horse-guard* qui avait perdu une jambe dans la guerre contre les Ashantees.

Comme il s'était engagé jadis aux *horses-guards* pour l'uniforme, rien que pour l'uniforme, il avait tenu à conserver son ancienne tenue, malgré son amputation et ses nouvelles fonctions.

Et c'était vraiment une très comique chose que d'apercevoir d'un côté une jambe de pantalon flottant sur un morceau de bois. et de l'autre, une forte cuisse, une botte et un éperon.

Très comique... et très touchante chose!

Le jour de Noël arrivait.

Vous tous qui me lisez, ou presque tous, vous avez été en prison ; mais, étant en prison, avez-vous vu tomber la neige?

Ah ! quelle horreur que la neige qui tombe quand on est en prison !

Disparaît alors la seule sensation qui vous rattache à la vie : le bruit (noise, sweet noise). On ne voit plus rien, on n'entend plus rien.

Et celle-là tombait sans relâche, oblique, drue, serrée, tant que ma pauvre petite cellule en était obscurcie et comme étouffée.

Un bruit surtout me manquait parmi ceux que j'avais remarqués et que j'aimais depuis ma captivité : c'était celui que faisait mon geôlier en se promenant dans la cour de ma prison.

D'abord le *pan !* le coup mat de la jambe de bois sur le pavé, ensuite le *toc !* triomphant et vainqueur du talon de botte, métallisé par la vibration de l'éperon, et ainsi de suite.

Mon vieux *horse-guard* ne se promenait-il plus, ou bien le bruit de ses pas était-il étouffé par la neige? Je me posais cette question, avec la curiosité frivole que crée l'oisiveté de la vie cellulaire.

La nuit de Noël venue, je n'avais pu me décider à me coucher.

Les cloches sonnèrent dans la ville et dans les petites paroisses voisines, ces dernières voilées par le lointain, étouffées par la neige, et si intimes, si attendrissantes, que je sentis se mouiller mes yeux.

(J'ai toujours pleuré, en écoutant les cloches de campagne vibrer dans le lointain.)

. . . .

Quelqu'un frappait à ma porte.

— *Go in*, fis-je.

C'était une toute blanche et rose fillette, d'une quinzaine d'années, portant à son bras gauche un petit panier et tenant à sa main droite une grosse touffe de gui.

— *Good night*, dit-elle.

— *Good night, miss.*

Et elle continua, toujours en anglais :

— Vous ne me reconnaissez pas ?

— Mais si. répondis-je dans la même langue, je crois vous avoir déjà rencontrée dans un album de Kate Greenaway.

— Non, pas là.

— Alors, dans une belle image de Caldecott.

— Non plus.

Un silence.

— Comment! reprit-elle d'un air mutin, vous ne vous rappelez pas? L'année dernière, vous m'avez sauvée d'une mort certaine.

Je traversais *Trafalgar Square*, lorsque soudain un des lions en bronze de cette place, en proie à une rage subite, se précipita sur moi. Je n'eus que le temps de fuir. Un omnibus passait, vous étiez sur l'impériale. Vous vous penchâtes, et, d'un bras vigoureux, me ravîtes à la voracité du fauve. Toute penaude, cette bête reprit sa place immuable et le rôle décoratif que lui avait assigné l'artiste.

J'avais beau rassembler mes souvenirs, je ne me rappelais rien de pareil dans mon existence. Mais elle insista et me donna des détails :

— Même que c'était l'omnibus de *Bull and Gate*, vous alliez à la Villa Macaroni, dîner chez votre ami Biblosko.

Devant un fait aussi précis, je m'inclinai.

Elle sortit de son panier le plum-pudding de la reconnaissance, quelques bouteilles d'*ale*, et nous soupâmes joyeusement.

A l'aube, elle s'enfuit, emportant mon cœur et les bouteilles vides.

Depuis, j'ai souvent cherché à me remémorer ce curieux incident de *Trafalgar Square*.

Je n'ai jamais réussi.

Il est vrai que je ne me rappelle pas davantage la

prison du Yorkshire, le geôlier à jambe de bois, la *maiden* blonde et rose, le plum-pudding et les bouteilles d'ale.

C'est drôle, dans la vie, comme on oublie tout.

ALPHONSE ALLAIS.

(Extrait de *Pour lire en train de bestiaux*, un volume en préparation chez Lemerre.)

SONNET

Pour un civet il faut un lièvre :
Il faut une idée au sonnet.
Prenez-la précieuse et mièvre,
Un déjeuner de sansonnet.

Dans une coupe de vieux Sèvre
Vous délayez un tantinet
Avec ces mots doux à la lèvre
Que Benserade imaginait.

Saupoudrez de rimes parfaites,
Poivre, piments, cannelle et faites
Un trait délicat pour la fin...

Vous aurez une chose exquise,
Un plat de petite marquise,
— Bon pour les gens qui n'ont pas faim.

ARMAND MASSON.

PRONOSTICS POUR L'ANNÉE 1889

De quoi rire et s'amuser en société.

Le 1er avril, une équipe de pêcheurs norvégiens prendra, sur les côtes du bassin de la place Pigalle, un esturgeon monstrueux, d'une capacité de cent tonneaux.

Lui ayant ouvert l'abdomen, on trouvera dans les intestins de l'animal, une ancre rouillée enrichie d'émeraudes et une carte postale avec ces simples mots :

« Poisson d'Avril. Bien des choses à Charles Chincholle »

Ces différents objets seront mis en dépôt au commissariat de police, jusqu'à ce que leur propriétaire vienne les réclamer...

Joli mois de mai, quand reviendras-tu ? etc..., dit un refrain populaire.

En effet, à ce moment les premières feuilles feront leur apparition aux branches des arbres, dans les squares et sur les boulevards ; feuilles pour la plupart larges et confortables, dont l'usage intime n'échappera à personne.

L'Administration de la *Lanterne Japonaise* indiquera ultérieurement la manière de s'en servir.

C'est également pendant le courant du mois de mai que commenceront à s'insurger des insectes turbulents dans les bois de lit des familles aisées qui possèdent des lits en bois.

Au mois de juin, la chaleur atteindra son maximum d'intensité. Les Parisiens s'enfuiront à tire-d'aile vers des plages hospitalières.

A mesure que la chaleur croîtra, l'ingénieur de Choubersky tombera dans la plus noire des mélancolies et l'inventeur des poêles roulants verra du jour au lendemain ces mêmes poêles roulés, hé ! hé !

La toison des paletots de fourrure blanchira en une nuit.

Et les femmes des charbonniers enfanteront dans la désolation !

Nous engageons vivement nos lecteurs à mourir avant d'avoir vu ces horreurs...

Pour ce qui concerne le Grand Prix de Paris, qui se courra également en juin, nous sommes heureux de pouvoir donner quelques renseignements à nos abonnés.

Néanmoins, et malgré notre bonne volonté, nous ne pouvons leur dire si le gagnant sera français ou anglais.

Les tarots ont été muets à cet égard, et le corbeau symbolique, après avoir bu la tisane de champagne coupée d'une infusion de trèfle violet, s'est refusé à nous communiquer le moindre tuyau.

Les astres eux-mêmes se sont montrés récalcitrants...

Cependant, nous sommes en mesure d'affirmer qu'une fois le prix couru et le résultat connu, un grand nombre de personnes des deux sexes s'écrieront : Je l'avais bien dit !...

(*A suivre.*) VIRGINIE LEBEAU.

SOUS-SOL DU DIVAN JAPONAIS

Tous les jours, de 11 heures 1/2 à 2 heures

Vieilles chansons gauloises
Chansons joyeuses de BÉRANGER, DARCIER, PIERRE DUPONT, etc.
Monologues et fantaisies extra-modernes

DEMANDEZ AU DIVAN JAPONAIS

LA BIÈRE MAXÉVILLE

La meilleure bière Française

JEAN SARRAZIN

54, rue de la Tour-d'Auvergne, 54

HUILES, VINS, SAVONS, SPÉCIALITÉS DES PRODUITS DU MIDI
L'Olive nouvelle est arrivée !

LE PIERROT

PARAISSANT TOUS LES VENDREDIS

*Est le seul qui publie chaque semaine 2 dessins de Willette
le jeune maître si goûté du public parisien*

DIVAN JAPONAIS

75, rue des Martyrs

CONCERT TOUS LES SOIRS

PROGRAMME DU 29 DÉCEMBRE AU 4 JANVIER

GERMAIN DUVAL (Débuts)
Dans ses imitations nouvelles (genre Plessis)

Le fameux SMITH
Le plus prodigieux des petits acrobates
Souplesse extravagante — Exercices vertigineux — Le seul rival de Marinelli, l'homme-serpent

DJELMA
La créole, la perle de la Martinique
Zora la Mauresque — Chinoiserie — Bambouli-Bamboula — Zizi la mulâtresse — La Reine des savanes
Macaïgué — Le Chant du colibri — Ma Guadeloupe — Chanson Haïtienne

LEDUC
de l'Eldorado
En suivant l'régiment — Un amour de Carnaval — Je viens de perdre mon gibus — Le Vin de Marsala
Yes, no! — Faut que j'rigole un brin

Mmes LOUISE DECOURCELLE
La Judic de Montmartre
Le Chef de gare — La Lune — Le Panier d'œufs — Pancrace m'apprend la polka
Le Moulin des baisers — Les P'tits soupirs — La Balançoire

NELLY DEMEAH
Ulalie — La duchesse de Malaga — J'en tiens pour la flûte — La Bouquetière — Royal-gommeuse
Mon p'tit mari — Le Panache du tambour-major

SAPHO
Le p'tit Picton — Qu'est-ce qu'a ma rose? — Paula — A. E. I. O. U. — Le Piston d'Hortense

MM. CLERVILLE
L'Atelier de lingères — Je cherche Lodoïska — Le Bal à dix ronds — Pendant l'exercice
Ma femme ne sait pas ça — Derrière la Musique militaire

MIRALLY, du Concert Parisien, dans ses créations.
L'enfant écoutant la Marseillaise — Le Sentier des violettes — Au temps des noisettes — Les Cloches de Bagnolet
Le Vin du Rhin — La Valse du Bourgogne

CARMAN
Original-gommeux
L'Œillet de Georgina — Le Coup du lapin — Gédéon — La légende du Potache — Ma Famille — Elle m'a fait d'l'œil
J'attends la révision — A Batignolles

MARCELIN
En jouant de la clarinette — Les Crimes de Blézimard — Si ma sœur en avait — La Rue d'la Lune
Les Journaux d'Paris

ALBARD
Le roi de la Gigue
Dans ses créations excentriques
Albard-original-minstrel

Rentrée de Mlle ELISE
Dans ses nouvelles créations

INCESSAMMENT

LA REVUE DE FIN D'ANNÉE

A l'Etude :

LE JUGEMENT DE PÂRIS
(SCÈNE)
actualité en 1 acte

DÉBUTS DU PRIX DE BEAUTÉ

MATINÉES DIMANCHES ET FÊTES

DEPUIS LE SAMEDI 3 NOVEMBRE, TOUS LES JOURS, DE 4 A 7 HEURES

CONCERT-VERMOUTH DU DIVAN JAPONAIS

Aménagement spécial — Orchestre de 8 Musiciens sous la direction de M. DEMARQUOY

Le Gérant : JEHAN SARRAZIN.

Paris. — JEHAN SARRAZIN, imprimeur de la Lanterne japonaise, rue Bleue.

DEUXIÈME ANNÉE. — N° 11   10 Centimes   SAMEDI 12 JANVIER 1889

LA LANTERNE

JAPONAISE

BUREAUX
75, Rue des Martyrs, 75

PARAISSANT LE SAMEDI

Directeur: **JEHAN SARRAZIN**

ABONNEMENTS
1 an, 7 fr. — 6 mois, 4 fr

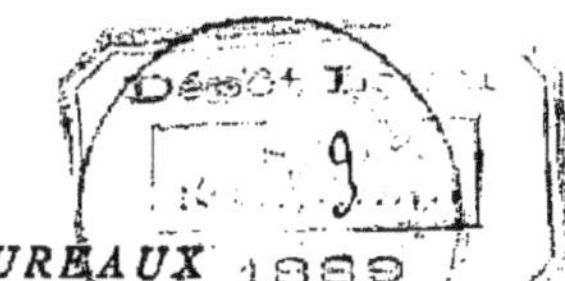

AIR CONNU:
Elle trottinait, trottinait, trottinait,
Légèr' comme un' biche.....

HISTOIRES D'HORLOGERS

Ah ! pour ça, non. Je n'aime pas les horlogers. Cette manie qu'ils ont de s'enchâsser de vieux pommeaux de canne en corne noire dans les orbites, est-ce assez ridicule ? ils me font l'effet de langoustes un peu avancées qui seraient mortes d'un accès de colère. Et puis, quand ils retirent ça, leurs sourcils et leur front restent tout tuyautés comme de la fraise de veau ; ils se trouvent jolis, malheur ! Ça me crispe, ce froncement olympien ; les plus lâches eux-mêmes ont l'air de vous mâcher quand ils font des excuses. C'est même pour ça que les fils d'horlogers tournent tous si mal : ils se figurent toutes les cinq minutes que leur père va les maudire, alors leurs cheveux blanchissent en une nuit et ils se disent : — Puisque je vais être maudit de toutes façons, autant vaut que je m'applique des satisfactions en rapport avec l'infamie qui va m'écraser. — Et ils s'en payent de ces riolles, ah ! mes p'tits poulets !

Il faut voir un horloger quand on lui apporte une montre à réparer ; l'eau lui en vient à la bouche, il en bave, c'est dégoûtant ; il se colle les yeux dans ses saletés noires, ouvre l'œuf de Nuremberg avec un couteau, comme on ouvre une huître, — tous ceux qui font faillite se mettent écailleurs, c'est connu — une joie féroce de vieux serpent se peint sur sa figure godronnée et il se met à farfouiller là-dedans avec un tas d'outils pointus, c'est pis qu'un vivisecteur, quoi ! Et s'ils n'étaient que féroces, mais ils sont d'un fumiste ! Tenez, écoutez cette anecdote.

Un jour, voilà que ma toquante s'arrête. Je m'en vais chez un horloger, à « la renommée des bonnes montres de Genève de Hollande ». Il regarde ma montre avec son air de carnassier et dit : — Elle est fichue, elle ne marchera plus jamais ; et il me regardait d'une drôle de façon. Je m'écrie : — Elle est bonne celle-là, ah bien, vrai ! — Non, elle n'est pas bonne et vous allez voir. Là-dessus, le voilà qui dévisse, qui dévisse, et vite, je ne vous dis que ça ; mon attention était telle que mes paupières claquaient comme des drapeaux neufs.

Il fait de ma montre au moins trois cent quarante-sept morceaux et un petit et puis il dit : — Là, elle ne marchera jamais plus. — Pourquoi ? lui réponds-je (de Venise). — Parce que ce n'est pas tout de démonter ces petites machines, il faut les remonter et moi, je ne me reconnaîtrai jamais dans tous ces morceaux-là. Mais rassurez-vous, ajouta-t-il (d'un air, oh ! mais d'un air !) j'ai vu en la démontant que ce n'était rien, il ne fallait qu'une goutte d'huile.

Ce que je faisais une gueule ! J'avais envie de le flauper, mais je n'aime pas les histoires ; alors, je suis parti, non sans lui avoir dit que je ne trouvais pas ces blagues-là délicates, tandis qu'il se tenait les côtes en se tordant comme un pou dans un baril de goudron.

J'ai su depuis qu'il m'avait dans le nez, parce que faut-il qu'un homme soit chicaner !) mon pauvre petit terre-neuve avait pris l'habitude de faire ses besoins contre les barreaux du sous-sol où travaillaient les ouvriers ; alors, ça tombait dans les montres, est-ce pas ? C'est égal, hein ! quelle sale race !

RAPHAEL CHOUMARD.

MORALE

Sur des chevaux de bois enfiler des anneaux,
Regarder un caniche expert aux dominos,
Essayer de gagner une oie avec des boules,
Respirer la poussière et la sueur des foules,
Boire du coco tiède au gobelet d'étain
De ce marchand miteux qui fait ter lin tin tin,
Rentrer se coucher seul, à la fin de la foire,
Dormir tranquillement en attendant la gloire
Dans un lit frais l'été, mais, l'hiver, bien chauffé,
Tout cela vaut bien mieux que d'aller au café.

CHARLES CROS.

PRONOSTICS POUR L'ANNÉE 1889

De quoi rire et s'amuser en société.

Au mois de juillet, l'extrême bon marché des hannetons étonnera tout le monde.

Songez donc : o fr. 18 l'hectolitre ! Jamais, même dans les meilleures années, le hanneton n'aura été si bas.

Et tous de répéter : On serait vraiment bien naïf de s'en priver !

Le 14, le gouvernement célébrera en grande pompe l'anniversaire de la prise de la Bastille.

A cette occasion, le petit-fils de Latude, Charles Levadé, prononcera quelques discours sur la tombe de son grand-père, et dansera ensuite, sur les ruines de la réaction, la 3e Gymnopédie d'Erik Satie, pendant que la fanfare des Tôliers de Puteaux mugira ses plus jolis morceaux.

En somme, beau coup d'œil pour les amateurs.

La nuit venue, l'édilité organisera des orgies à tous les carrefours.

Les hommes de troupe licenciés pour la circonstance se répandront dans la ville, se mêleront aux gens du peuple et, pour couronner leurs exploits, passeront les innocentes cuisinières au fil de l'abbé de l'Epée, comme disent les sourds-muets.

En cette mémorable journée, les débitants de liquides s'engraisseront de l'épargne publique et le lendemain, à l'aube, la population aura la gueule de bois.

Que voulez-vous ? Ce n'est pas tous les jours le centenaire de 89 !...

.[.].

Le 10 août, au soir, les boulevards vraiment dignes de ce nom, c'est-à-dire des Capucines, des Italiens et Montmartre, présenteront un aspect inaccoutumé.

Les passants s'aborderont mystérieusement et se chuchoteront des choses étranges à l'oreille.

Dans les cafés, le même fait agrémenté de variations défrayera les conversations...

Bah ! — Allons donc ? — Est-ce possible ? Croyez-vous ? — Tu blagues !...

Telles seront les bribes de dialogue qu'on pourra saisir au passage.

Le lendemain, la plupart des journaux feront une édition spéciale...

Quelques-uns paraîtront encadrés de noir ; pendant 48 heures, les transactions seront arrêtées, à la Bourse. La plus grande agitation régnera autour de la corbeille : en un clin d'œil, la rente baissera de 3 fr. 75.

Une foule de petits rentiers, ruinés par ce cataclysme, se feront sauter la cervelle (1).

Le deuxième soir, la population parisienne surexcitée se portera en masse aux abords de l'Elysée et réclamera du Président Carnot des explications catégoriques...

Tout ce remue-ménage, parce qu'un mauvais plaisant aura mis en circulation une nouvelle ridicule : à savoir que la Patti devait chanter pour rien, le jeudi suivant, dans un grand concert de bienfaisance.

.[.].

Vers le 15 septembre, le Préfet de Police recevra une lettre, dont — à titre documentaire — je vais donner quelques extraits :

Varennes-Saint-Maur, 14 septembre 1889.

Monsieur et honoré Préfet,

Vous faites le malin parce que vous avez sous vos ordres un nombre considérable d'agents et que l'agent, c'est le nerf de la guerre... civile. (Le trouvez-vous bon ? si vous le trouvez bon, je vous en enverrai une caisse.)

Vous vous fiez au flair de vos limiers pour découvrir les malfaiteurs qui — par leurs galipettes — troublent la quiétude des propriétaires et même des locataires, sans compter, bien entendu, les concierges.

Permettez à un simple amateur de vous dire que vous vous introduisez étrangement le doigt dans l'œil, monsieur et honoré Préfet.

A moi seul, je me vante d'être plus fort que toutes vos brigades centrales. Acceptez mes services, je vous jure que vous ne vous en repentirez pas.

D'abord, pour mon début, je m'engage à retrouver la fameuse porte dérobée du jardin, dont vous avez sans doute entendu parler.

Et, tenez, si vous êtes gentil, je vous retrouve égale-

(1) La cervelle des petits rentiers ! Laissez-moi rire... N. D. V.

ment l'air égaré du traître du 5e acte de la « Grâce de Dieu ». *Je sais où il est !*

Agréez, monsieur et honoré Préfet, l'assurance de mon dévouement le plus distingué.

Agénor BOCKALAS,
Etudiant.

Le Préfet n'ayant pas compris, répondra :

Monsieur,

Où avez-vous vu que je m'appelle Honoré ?

Recevez, etc.   LOZÉ.

VIRGINIE LEBEAU.

LA VIERGE AUX ORANGES

Quand les Anges ne sont pas sages,
On les met au cabinet noir
En pénitence jusqu'au soir,
Derrière un rideau de nuages.

Ils ne peuvent mêler leurs voix
Adorablement aigrelettes
Au son des saintes épinettes,
Des théorbes et des hautbois ;

Et leurs pauvres petits visages,
De repentir tout effarés,
Volent avec des airs navrés
Comme des oiseaux dans leurs cages.

Un vieux Séraphin tout en blanc
Brandit sur leurs têtes craintives
Les lanières rébarbatives
D'un martinet étincelant ;

Mais la maman gâteau des Anges,
La Vierge, sous son manteau bleu,
Vient en cachette du Bon Dieu
Et leur apporte des oranges.

ARMAND MASSON.

DIVAN JAPONAIS

75, rue des Martyrs

CONCERT TOUS LES SOIRS

PROGRAMME DE LA SOIRÉE

PATTY de l'Hippodrome (Débuts)

Le roi de la Trinka, dans ses innombrables exercices indiens et japonais

Le Tonneau magique — Le Parasol du diable — La Boîte de Bouddha — Le Paravent voltigeur
L'équilibre sur les pieds — Le monde à l'envers

La fameuse RENOVINA (Débuts)

Intermèdes excentriques

GERMAIN DUVAL

Dans ses imitations nouvelles (genre Plessis)
Les Chefs d'orchestre — En Omnibus

Mme MORELLI dans son répertoire

CHARLUS (Débuts)

Chanteur excentrique, dans ses nouvelles créations

Mmes LOUISE DECOURCELLE

La Judic de Montmartre

L'Exercice — Il est si gentil — Ça m'fait tant plaisir — La Lune — Le Panier d'œufs — Pancrace m'apprend la polka
Le Moulin des baisers — Les P'tits soupirs — La Balançoire

MARTHE VERLY

Le Verrou — Le Chef de gare — Le Trottin — La Jarretière à Jeanneton — Les Filles de Paris

NELLY DEMEAH

Le Chic d'Amanda — Chut ! on vient — Toqué d'un gendarme — Ulalie — La Duchesse de Malaga — Royal-gommeuse
J'en tiens pour la flûte

DAUBY

Théodule — Chapotard — J'finirai par te lâcher

SAPHO

Le p'tit Picton — A. E. I. O. U. — Le Cornet à piston — Mon Contrebassiste — Paula

MM. CLERVILLE

E. I. A. — La Noce en plein vent — L'Atelier de lingères — Je cherche Lodoïska — Le Bal à dix ronds
Ma femme ne sait pas ça — Derrière la Musique militaire

DUROCH (Débuts) dans ses créations

GUIRODINI

Le Bonheur en bouteille — Je bois à tes beaux yeux — Deux pour un nid — Les Vins de France
Envolez-vous, chanson de France !

MIRALLY

Salut! soleil — Si tu veux, ma belle — En buvant du vin nouveau — Le Sentier des violettes
Au temps des noisettes — Les Cloches de Bagnolet — Le Vin du Rhin

CARMAN

Original-gommeux

Ça m'a flatté — C'est elle, c'est moi — L'Œillet de Georgina — Le Coup du lapin — Gédéon — La Légende du Potache
Ma Famille — J'attends la révision

MARCELIN

Hé ! cocher ! — La Sérénade du pochard — Les Crimes de Blézimard — Si ma sœur en avait — La Rue d'la Lune

ALBARD

Le roi de la Gigue
Dans ses créations excentriques
Albard-original-minstrel

LES ENFANTS DU BONHEUR

Duo chanté par MM. Guirodini et Mirally

Tous les soirs :

LE JUGEMENT DE PÂRIS

(SCÈNE)

Pâris	MM. CLERVILLE.	Vénus	Mmes MORELLI
Monocle	Marcelin.	Phémie	Déméah.
Dumichel. . . .	Albard.	Virginie.	Decourcelle.
Potachard . . .	Carman.	Michette.	Sapho.

MATINÉES DIMANCHES ET FÊTES

SOUS-SOL DU DIVAN JAPONAIS

TOUS LES JOURS, DE 11 h. 1/2 A 2 HEURES

Vieilles chansons — Monologues — Excentricités

Aménagement spécial — Orchestre de 8 Musiciens sous la direction de M. DEMARQUOY

Le Gérant : JEHAN SARRAZIN.

Paris. — JEHAN SARRAZIN, imprimeur de la *Lanterne japonaise*
7, rue Bleue

DEUXIÈME ANNEE. — N° 12   **10** CENTIMES   SAMEDI 26 JANVIER 1889

LA LANTERNE
JAPONAISE

BUREAUX
75, Rue des Martyrs, 75

PARAISSANT LE SAMEDI
Directeur : **JEHAN SARRAZIN**

ABONNEMENTS
1 an, 7 fr. — 6 mois, 4 fr·

BAL A L'OPÉRA

Ce soir, bal à l'Opéra.

Les marquisettes poudrées et les marquis en habits à broderies pirouettent au son d'un menuet télégraphique. Languissamment, les jeunes seigneurs. Henri III promènent leurs dames ; les pierrots voltigent autour des dominos impénétrables ; les mousquetaires frôlent les abbés galants, et, dans le chatoiement féerique des lumières et des couleurs, les habits noirs circulent comme des croque-morts.

— Viens-tu ?... si nous partions ?

— Mais... ne veux-tu pas souper, ma toute belle ?

— Je n'ai pas faim, non... partons... je préfère me promener en voiture ..

— Qu'il soit fait selon vos désirs, ma reine !

Et tenant à son bras l'extravagante Lili Bergamotte, costumée en bergère Watteau, le vicomte des Houlières, en mignon, descend gravement le grand escalier.

*
* *

Emporté par son cheval russe, le coupé roule ; et la charmante est toute gaie, car elle a déjà au fond de sa poche les cent louis qu'il lui a promis la veille pour quelques bagatelles. Câline, elle s'appuie nonchalamment sur son épaule, et les baisers voltigent, assaisonnés par le parfum d'héliotrope qui s'échappe du capiton de satin bleu...

Sept heures et demie. Presque sans que leurs lèvres aient eu le temps de se séparer, ils ont fait le tour de Paris, perdus en des extases infinies.

Déjà la voiture se dirige vers l'hôtel de M. le vicomte, lorsque Lili Bergamotte pousse un cri d'étonnement en passant sur le boulevard.

— Oh ! oh ! regarde donc. Qu'est-ce que c'est que ça... tous ces gens, là-bas, à gauche ?

— Ce sont des malheureux qui viennent à la distribution de soupe chez Brébant.

A cette idée de mendiants venant prendre un potage dans les restaurants à la mode, Lili se met à rire comme une toquée et crie :

— Descendons ! descendons ! je veux les voir.. c'est très drôle, ça, je veux les voir...

Le timbre résonne et voici nos deux masques sur le trottoir.

Sautillant comme une alouette, Lili s'extasie devant tous ces guenilleux ; elle les trouve très gentils, veut absolument goûter à leur soupe et, tout à coup, une idée lui vient : elle tire de sa poche les cent louis, les distribue et se sauve...

Vraiment ! c'est une bénédiction pour ces pauvres bougres, qu'il y ait eu bal à l'Opéra, cette nuit !

*
* *

Dans le grand lit à tentures de brocart, ses cheveux blonds ruisselant sur ses épaules, la poitrine à l'air, Lili Bergamotte, comme une toute petite fille, raconte mille folies au jeune seigneur Henri III.

Ils ont juré de ne pas fermer l'œil jusqu'à l'heure du déjeuner et ce n'est pas en vain qu'un artiste subtil a peint des amours sur le fronton du lit.

Tout en s'ébattant, la petite songe au temps où elle aurait donné son âme pour un peu de la soupe de ces misérables...

. . . .

Mais justement, voici onze heures, et le déjeuner fait son entrée. Le vieux valet Gaspard s'avance sur la pointe des pieds ; un sourire erre sur ses lèvres flétries, et, comme il est un peu le confident de son maître, il se permet quelques allusions à la petite aventure nocturne que lui a contée le cocher.

— Oh ! s'écrie le vicomte, comme pour excuser sa compagne ; oh ! cette Bergamotte est si folle !

Et le vieux valet de dire :

— Madame a raison d'être folle... cela portera bonheur à madame.

JEHAN SARRAZIN.

VILLANELLE

Comme une vieille serinette.
Je dis tousiours mesme refrain :
Je vous adore, Colinette.

Vous avez beau dire sornette,
Je vais tousiours mon petit train
Comme une vieille serinette.

Je devuide ma chansonnette
Comme ung chapelect, grain à grain,
Je vous adore, Colinette.

Ah ! que seriez donc mignonnette
Si vouliez m'aimer un brin :
— Comme une vieille serinette

Dont on vire la bobinette,
Je ferais pour vous maint quatrain.
Je vous adore, Colinette.

Lorsque ne serez plus ieunette,
là n'aurez le teinct purpurin ;
Comme une vieille serinette,

En filant votre quenouillette
Vous penserez à Mathurin
Qui vous adorait, Colinette.

Ains, ne sera plus temps, brunette,
Et vous iaunirez de chagrin
Comme une vieille serinette.

Je vous adore, Colinette.

Armand Masson.

PRONOSTICS POUR L'ANNÉE 1889

De quoi rire et s'amuser en société.

J'ai été toute la journée d'une gaieté folle. Ce matin, après avoir passé un peignoir vert d'eau, j'ai sonné Paule : Paule, c'est ma femme de chambre.

— Faites-moi une coiffure épatante, ai-je dit en lui livrant ma forêt de cheveux.

Pour vous, mesdames, je veux décrire — quoique cela n'ait qu'une importance relative — l'édifice qu'elle a construit, un vrai chef-d'œuvre de grâce et de coquetterie.

Figurez-vous les cheveux tombant en nappe sur les épaules, la raie continuée jusques et au delà de la nuque. Sur le front, de petits frisons provocants. Au sommet de la tête, un huit, un simple huit, pas davantage. Sur les côtés, de longues anglaises nouées sous le menton (pour qu'elles ne trainent pas dans le potage). Piquée là-dedans, une branche de genêt d'Espagne... et voilà.

Une fois habillée, je suis allée prendre mon absinthe au Divan, où j'ai cassé une table et trois verres. Ce que j'étais gaie !

La raison de cette joie exubérante, oh ! mon Dieu, bien simple !

J'avais lu, la veille, dans les cartes, qu'au mois d'octobre de l'année prochaine, un traité passé par M. Jehan Sarrazin avec l'Observatoire de Montsouris lui permettrait d'offrir à chacun des abonnés de la *Lanterne Japonaise*, une *superbe éclipse de lune, garantie et valant partout ailleurs une somme de 45 fr. au moins.*

Adresser dès à présent les demandes à Mme Virginie Lebeau, aux bureaux du journal.

* *

Nous voici donc au mois de décembre. Le deux, aura lieu une grande manifestation en l'honneur d'un nommé Baudin, qui mourut au moment du coup d'Etat de 51, en prenant le frais sur une barricade.

Une foule immense se portera vers le cimetière Montmartre, où ce particulier est enterré.

Dans le cortège, beaucoup d'hommes à longue barbe, porteurs de babas en immortelles, pour luncher sur la tombe...

Puis les *Inégaux* de Montmartre, une Société où pas un membre n'a la même taille : c'est de rigueur.

Ensuite, des courtisans, des hommes du peuple, des hallebardiers et une notable quantité d'étudiants chahuteurs.

Sur le parcours, les fenêtres des immeubles en bordure seront garnies de curieux...

Quinze jours avant, les heureux habitants des boulevards extérieurs auront lancé leurs invitations pour cette solennité :

— Qu'est-ce que vous faites le deux ? Venez donc Baudiner avec nous... Sans façon... la soupe et le bœuf...

* *

L'année n'a que 12 mois. Avec la meilleure volonté du monde, je ne puis donc continuer mes prédictions, à moins de recommencer.

Je termine donc en souhaitant à mes lecteurs et lectrices une année excellente, c'est-à-dire telle que je me la souhaite à moi-même, je ne lésine pas.

Que tous et toutes vivent très vieux, très riches, très heureux, comme dans les contes de fées...

Mais qu'ils évitent soigneusement d'avoir beaucoup d'enfants.

Virginie Lebeau.

LES BABILLARDES

Bavardes comme des perruches,
Elles cheminent vers le puits
Qui bâille au milieu des grands buis.
— Les abeilles rentrent aux ruches.

En grignotant le pain des huches,
Elles font des haltes, et puis,
Bavardes comme des perruches,
Elles cheminent vers le puits.

Elles vont balançant leurs cruches,
Et moi, des yeux, tant que je puis,
Dans le crépuscule je suis
Ces diseuses de fanfreluches,
Bavardes commé des perruches.

Maurice Rollinat.

SOUS-SOL DU DIVAN JAPONAIS.

Tous les jours, de 11 heures 1/2 à 2 heures
Vieilles chansons gauloises
Chansons joyeuses de Béranger, Darcier, Pierre Dufont, etc.
Monologues et fantaisies extra-modernes

DIVAN JAPONAIS

75, rue des Martyrs

CONCERT TOUS LES SOIRS

PROGRAMME DE LA SOIRÉE

PATTY de l'Hippodrome

Le roi de la Trinka, dans ses innombrables exercices indiens et japonais
Le Tonneau magique — Le Parasol du diable — La Boîte de Bouddha — Le Paravent voltigeur
L'équilibre sur les pieds — Le monde à l'envers

La fameuse RENOVINA

Intermèdes excentriques

GERMAIN DUVAL

Dans ses imitations nouvelles (genre Plessis)
Les Chefs d'orchestre — En Omnibus — Paris-Tramways — Le Panthéon historique

Mme MORELLI dans son répertoire

LE DUO DE PAUL ET VIRGINIE
Chanté par Mlle Louise Léa et M. Clerville

Le célèbre YACOUB (Intermèdes arabes)

CHARLUS

Chanteur excentrique, dans ses nouvelles créations
Le terrible Méridional — Mister Barbe-Bleue — Le Bon Dieu doit bien rigoler — L'Anglais épaté — La Gobinois
La Martinique — Adrien et Galimard

Mmes LOUISE DECOURCELLE

La Judic de Montmartre
L'Exercice — Il est si gentil — Ça m'fait tant plaisir — La Lune — Le Panier d'œufs — Pancrace m'apprend la polka
Le Moulin des baisers — Les P'tits soupirs — La Balançoire

NELLY DEMEAH

Le Colonel des Mascottes — La Marche des cantinières — La Petite du Conservatoire — Pour mesurer du blé
La Vénus des Vénus — Chut ! on vient (Grand succès) — Toqué d'un gendarme — Le Chic d'Amanda — Royal-gommeuse

MARCELLE FRANCE (Débuts)

La belle Carlotta — La Baronne de Clignancourt — Rentrera, rentrera pas — Les Belles-petites
La Marquise de Jupon-court — La Danse des Cocottes — Toute seule — Un vrai Grévin

LOUISE LÉA (Débuts)

Ça marchait bien — Moi j'en veux un aussi — Si j'avais des bretelles — Le Bonnet de M. le curé
Mon p'tit adjudant — Encore un baiser — Grand'mère, c'est le vent

MM. CLERVILLE

Ce qu'il faut exposer — J'en f'rais plutôt faire — Y en a pas des quantités — La Marche des 13 jours — E. I. A.
La Noce en plein vent — L'Atelier de lingères — Je cherche Lodoïska — Le Bal à 10 ronds
Ma femme ne sait pas ça — Derrière la Musique militaire

GUIRODINI

Grand air du Trouvère — Honneur et Patrie — Gai Champagne — Le Rossignol français — Les 3 Saisons
Le Bonheur en bouteille — Deux pour un nid — Envolez-vous, chanson de France !

MIRALLY (dans ses créations)

L'amour qui s'éveille — Le Jus bourguignon — L'Armée française — Salut ! soleil — Si tu veux, ma belle
Un verre de champagne — Au temps des noisettes — Le Vin du Rhin — Vive le Chambertin !

CARMAN

Original-gommeux
Refrain universel — La Cantinière du 113e — C'est comme des dattes — Ah ! mince ! — Ça m'a flatté — Ma Famille
C'est elle, c'est moi — Le Coup du lapin — Flanelle et coton — La Légende du Potache — Anatole et Amanda

ALBARD

Le roi de la Gigue
Dans ses nouveautés
Albard-original-minstrel

Débuts de Miss JESSIE HOWARD

LE JUGEMENT DE PÀRIS

(SCÈNE)

Pâris	MM. CLERVILLE.	Vénus	Mmes MORELLI.
Monocle	Marcelin.	Phémie	Déméah.
Dumichel	Albard.	Virginie	Decourcelle.
Potachard	Carman.	Michette	Sapho.

MATINÉES DIMANCHES ET FÊTES

SOUS-SOL DU DIVAN JAPONAIS

TOUS LES JOURS, DE 11 h. 1/2 A 2 HEURES
Vieilles chansons — Monologues — Excentricités

Aménagement spécial — Orchestre de 8 Musiciens sous la direction de M. DEMARQUOY

Le Gérant : JEHAN SARRAZIN.

Paris. — JEHAN SARRAZIN, imprimeur de la *Lanterne Japonaise*
7, rue Bleue

LA LANTERNE
JAPONAISE

UREAUX
5, Rue des Martyrs, 75

PARAISSANT LE SAMEDI
Directeur : **JEHAN SARRAZIN**

ABONNEMENTS
1 an, 7 fr. — 6 mois, 4 fr.

LES INGÉNUS

Les hauts talons luttaient avec les longues jupes.
En sorte que, selon le terrain et le vent,
Parfois luisaient des bas de jambes, trop souvent
Interceptés ! — et nous aimions ce jeu de dupes.

Parfois aussi le dard d'un insecte jaloux
Inquiétait le col des belles sous les branches,
Et c'étaient des éclairs soudains de nuques blanches,
Et ce régal comblait nos jeunes yeux de fous.

Le soir tombait, un soir équivoque d'automne :
Les belles, se penchant rêveuses à nos bras,
Dirent alors des mots si spécieux, tout bas,
Que notre âme, depuis ce temps, tremble et s'étonne.

PAUL VERLAINE.

(Voir les détails de la Revue à l'intérieur.)

LE PUBLIC COMPÈRE

Revue bon enfant en 1 acte et en prose

par Jehan de la Butte

Le Public. — Le Compère.

Mmes Claudia. — La Commère.

Déméah. — Bonnaire. — Les Sœurs Martens.

Régine. — La Chanson moderne. — Adelina Patti. — Paula Brébion. — Les Sœurs Martens.

Renovina. — La Vénus hottentote.

Marcelle France. — Valti.

Rose Morel. — Une Débutante.

MM. Clerville. — L'Introducteur.

Miah. — Les Gloires théâtrales.

Charlus. — Paulus. — Les Sœurs Martens. — L'Exposition.

Provandier. — La Ligue foraine. — Chaillier. — Les Sœurs Martens. — Un Candidat.

Landais. — Bourgès. — Un Afficheur.

Marcelin. — Le Titi. — Un Candidat.

Carman. — Libert. — Un Afficheur.

Résumé général de la Revue.

Marche à suivre.

Indication des couplets chantés par le public.

Au lever du rideau, l'Introducteur est seul en scène. Il adresse une allocution au public, et lui annonce la Revue.

Il chante ensuite une chanson sur l'air du « Sacré-Cœur de Jésus »; au refrain, le public l'accompagne :

> O Divan ! joyeux Divan !
> Vieux Divan, vieux Divan !
> O Divan ! joyeux Divan,
> Que tu fais donc de boucan !

L'Introducteur fait ensuite défiler quelques chanteuses, afin que le public choisisse sa commère. Chacune chante une chanson, mais le public ne les trouvant pas à son goût, les éconduit successivement avec ce refrain :

> Oh ! la la ! quell' têt' ! quell' binette !
> Oh ! la la ! quell' binette elle a !

Lorsqu'elles sont toutes passées, l'Introducteur se désole. Heureusement, une dame se lève dans la salle et s'offre comme commère.

Le public l'accepte.

La dame disparaît dans les coulisses pour s'habiller, et pendant ce temps, sur son invitation, le public entonne :

> Il était un petit navire (bis)
> Qui n'avait ja-ja-jamais navigué (bis)
> Ohé ! ohé !

La commère apparaît alors sur la scène. Elle se présente, et le public chante :

> C'est ta poir', ta poir', ta poir',
> C'est ta poire qu'il nous faut !

La commère chante son couplet d'entrée : « Voilà ma poire »; puis, sur l'invitation de l'Introducteur, elle appelle les curiosités de l'année.

La commère ayant proposé une curiosité foraine, le public chante :

> C'est la foir', la foir', la foir',
> C'est la foire qu'il nous faut !

Entre alors la Vénus hottentote, qui se livre à divers exercices fantastiques.

Elle avale quelques panoplies.

On apporte un sabre gigantesque à la Vénus. Le Titi et le public chantent :

> Voici le sabre, le sabre, le sabre,
> Voici le sabre, le sabre de son père !

Avant la sortie de la Vénus, l'Introducteur demande un ban en sa faveur.

Le public exécute un ban.

La commère annonce ensuite la Ligue foraine. M. Provandier fait son entrée avec force tam-tam.

Il exécute un simili-tableau de Gérôme, et le public chante :

> La peinture à l'huile,
> C'est bien difficile ;
> Mais c'est bien plus beau
> Que la peinture à l'eau.

M. Provandier ayant parlé de la Ligue anti-foraine et de M. Gérôme, la commère, l'Introducteur et le public chantent sur l'air de la « Carmagnole » :

> Narguons monsieur Gérôme,
> Vive le son ! vive le son !
> Narguons monsieur Gérôme,
> Vive le son du tambour !

M. Provandier étant sorti, la commère appelle à elle le Théâtre et le Concert. Entre la *Chanson mo-*

ne, qui chante un couplet avec le public. (Le pu-
c chante : « Sur le bi du bout du banc.»)

   — Je suis la muse bon enfant,
— *Sur le bi, sur le bout, sur le bi du bout du banc,*
   — Qui fait passer l'temps joyeus'ment,
— *Sur le bi, etc.*
   — Je suis l'amus'ment des enfants,
— *Sur le bi, etc.*
   — La tranquillité des parents,
— *Sur le bi, etc.*
   — Si vous trouvez mon r'frain charmant,
— *Sur le bi, etc.*
   — Prouvez-nous que vous êtes contents,
— *Sur le bi, etc.*
   — Et faites beaucoup de boucan,
— *Sur le bi, etc.*
   — Avec vos applaudissements,
— *Sur le bi, etc.*

'Introducteur l'applaudit et demande un ban en
honneur.
Un ban.
Entre Paulus, qui fait un discours et chante plu-
urs chansons. Quand il a terminé, le public
ante :

    Il l'a bien imité ;
    Buvons à sa santé !
   Paulus, Charlus, bien imité,
    Buvons à leur santé !

Entre ensuite Mlle Bonnaire, qui chante un cou-
et sur l'air de « la Rosière » ; le public et le Titi
antent aussitôt :

    Elle a perdu sa jarr'tière,
    La Rosière de chez nous ;
    Elle a perdu sa jarr'tière,
    Avec autre chose itou — Hou !

On entend du bruit à la cantonade : c'est Bour-
. — Entre Bourgès, qui titube. Il parle et
ante. Le public entonne :

   Ohé ! Durandard, tu t'es mouillé la caf'tière,
    En r'venant d'la Glacière,
    Avec ton ami Têtard. (*bis*)

Chaillier fait ensuite son entrée. Lorsqu'il a
anté, le public chante ce refrain :

   Roul' ta bosse, monsieur Dumollet ;
   Nous te souhaitons bon voyage !
   Roul' ta bosse, monsieur Dumollet,
   Et garde bien ton galoubet.

Passent ensuite Paula Brébion, Valti, Libert et
verses gloires du Concert.

M. Beyssières, successeur de Sarrazin, fait son
entrée. Il chante avec le public :

    Quand Papa Lapin mourra,
    J'aurai sa belle culotte ;
    Quand Papa Lapin mourra,
    J'aurai sa culotte et ses bas.

Dès qu'il est parti, les sœurs Martens font leur
entrée.
Elles chantent diverses chansons.
Puis vient M. Miah (les Gloires théâtrales). Il
parle de Coquelin, Lassouche et Baron.
Le public chante sur l'air de « Napoléon » :

    Coqu'lin Cadet, Baron, avec Lassouche,
    Lassouch', Baron et Coquelin Cadet.

Il sort. On assiste ensuite à la lutte électorale.
Puis, sur un signe de la commère, tout le monde
entre en scène.
M. Charlus chante le rondeau de « l'Exposition ».
L'Introducteur, sur l'invitation de la commère,
chante le couplet du « Divan Japonais ».
Puis, pour terminer, toute la troupe chante avec
le public le refrain favori des Batignolles :

    Ah ! mesdames, voilà du bon fromage ;
    Voilà du bon fromage au lait.
    Il est du pays de celui qui l'a fait ;
    Celui qui l'a fait, il est de son village.
    Ah ! mesdames, voilà du bon fromage ;
    Voilà du bon fromage au lait ;
    Il est du pays de celui qui l'a fait.

DIVAN JAPONAIS

75, rue des Martyrs

CONCERT TOUS LES SOIRS

PROGRAMME DE LA SOIRÉE

PROVANDIER
Le roi des imitateurs, dans ses créations nouvelles

La fameuse RENOVINA
Intermèdes excentriques

MIAH dans ses nombreuses transformations

M. ARTHUR et Miss AMÉLIA
Jongleurs équilibristes

Mme CLAUDIA
Fillette et Fantassin — Un ban, Messieurs — Polka des Amoureux — Le p'tit Conscrit — Les Mirlitons
Polka des Bossus — Sous la pluie — Marche des Belles-Petites

CHARLUS
Chanteur excentrique, dans ses nouvelles créations
La Cantinière du 111e — Les Boulangers — L'Huissier galant — Le Tableau du mariage — Le Père Eternel
Le Lampion de ma femme — Le terrible Méridional — Mister Barbe-Bleue — L'Anglais embarrassé — La Gobinois

Mmes NELLY DEMEAH
Le Chalumeau — J'emporte la pendule — J'aime un vitrier — La Duchesse de Malaga — Mes 4 gommeux
Albert — Les Courses d'Auteuil — La comtesse Paméliska — Le Colonel des Mascottes — La Petite du Conservatoire
Chut ! on vient (Grand succès)

RÉGINE
Mme la Réserviste — Le Bonnet de M. le Curé — Cocorico — Lettre à Jeannot — La Belle poule — Le Chef de gare
La Pêche à la truite — Le Baptême à la Madeleine

MARCELLE FRANCE
La belle Carlotta — La Baronne de Clignancourt — Rentrera, rentrera pas — Les Belles-Petites
La Marquise de Jupon-court — L'Adresse de Métella — La Tosca — C'est-y ça la Révision ? — A. E. I. O. U.

ROSE MOREL
La Protectrice du commerce — Fleur de Rosée - Grosso modo — Une Ballade à Meudon — Faut rigoler un brin
Quand j'bois un p'tit coup

MM. CLERVILLE
Chez l'Marbrier — Les 12 Négresses — Où donc que tu mets tes pieds ? — Ce qu'il faut exposer — L'Atelier de lingères
J'en f'rais plutôt faire — Y en a pas des quantités — La Marche des 13 jours — La Noce en plein vent
Les Ministres en voyage

MIRALLY (dans ses créations)
Voisine, allons cueillir la fraise — Joyeux tin-tin — La Chanson des peupliers — Risette au printemps
L'Armée française — Salut! soleil — Si tu veux, ma belle — Au temps des noisettes — Le Vin du Rhin

LANDAIS
En r'venant d'Ménilmontant — Une Noce en Normandie — Ohé! Saturnin! — Bonjour, Cyprien — Ma Béatrice
C'est Ferdinand — Les Grèves

CARMAN
Original-gommeux
La Colonne — Le Sportsman — Les Omnibus — Refrain universel — C'est comme des dattes — Ah! mince !
Ma Famille — C'est elle, c'est moi — Flanelle et coton — La Légende du Potache — Anatole et Amanda

Duos chantés par Mlles NELLY DEMEAH et MARCELLE FRANCE
Les Enfants de troupe — Paul et Virginie — Les Cocottes réformatrices — Le Jockey de Zaza

Tous les soirs :

LE PUBLIC COMPÈRE
Revue ultra-fantaisiste, jouée par toute la troupe

LE PUBLIC du *Divan Japonais* — fameux dans le monde entier — est compère

GREAT ATTRACTION !

MATINÉES DIMANCHES ET FÊTES

SOUS-SOL DU DIVAN JAPONAIS
TOUS LES JOURS, DE 11 h. 1/2 A 2 HEURES
Vieilles chansons — Monologues — Excentricités

Aménagement spécial — Orchestre de 8 Musiciens sous la direction de M. DEMARQUOY

Le Gérant : JEHAN SARRAZIN

Paris. — JEHAN SARRAZIN, imprimeur de la *Lanterne japonaise.*
7, rue Bleue.

DEUXIÈME ANNÉE. — N° 14   10 CENTIMES   SAMEDI 2 MARS 1889

LA LANTERNE
JAPONAISE

BUREAUX
75, Rue des Martyrs, 75

PARAISSANT LE SAMEDI
Directeur : JEHAN SARRAZIN

ABONNEMENTS
1 an, 7 fr. — 6 mois, 4 fr

EN ALLANT AU MAGASIN (Le feuilleton du *Petit Journal*)

André avait interrogé le comte à plusieurs reprises :
— Vous ne l'aimez pas ?...
— Non.
— Cependant, ne m'a-t-il pas sauvé la vie ?
— C'est vrai.
— Alors, pourquoi ?
— Ne me parle jamais de cet homme, avait répondu le comte d'une voix sourde, en serrant à la briser la main de son fils

CHANGEMENT DE DÉCOR

Quel est ce théâtre ? Je ne saurais le dire.

Tandis que, dans la salle, les marchands avides glapissent :

« La Valence ! La belle Valence ! » des escouades de machinistes empressés bouleversent tout derrière le rideau. Le décor de tout à l'heure vient d'être enlevé ; le square avec ses fleurs, ses arbres et ses peuplades de bébés gazouillants a été démantelé en moins de trois minutes, et maintenant, un courant d'air horriblement meurtrier règne dans les coulisses.

Des camelots dépenaillés piaillent : « Demandez ce qui vient de paraître... *La Cigale et la Fourmi !* Dix centimes, avec la morale ! »

En un clin d'œil, les frises d'air et les bandes bleues du ciel sont remplacées par des gazes jaunâtres et brumeuses et, sous l'action de ressorts invisibles, les baromètres pneumatiques passent brusquement du *beau fixe* à *bourrasque ;* dans un coin, un aveugle chante d'une voix pleurarde :

> « *De la dépouille de nos bois*
> *L'automne avait jonché la terre...* »

tandis qu'un afficheur patibulaire colle en haut d'un mur un grand papier sur lequel on lit :

« *Avis aux personnes qui s'en vont de la poitrine.* »

Des myriades de peintres badigeonnent les maisons en gris et les balayeurs font disparaître les vestiges derniers de l'acte précédent. On entend des coups de sifflets dans le lointain.

— Allons ! allons ! Tout est-il prêt ? dit un grave monsieur à barbe blanche. — C'est le régisseur.

Il porte une grosse chaîne de montre avec une faux et un sablier en breloques.

— Sacrebleu ! on n'en finira donc pas ? répète ce monsieur avec impatience.

Une voix répond :

— Il y a encore la Misère qui n'est pas grimée.

— C'est bien ; vous mettrez cent sous d'amende à la Misère...

. . . .

Enfin, les derniers portants sont posés. Le décor représente une rue ; des figurantes, chargées « de passer avec des mines contrites », se préparent à dé-

filer. Au coin de chaque maison, un bonhomme noir vient s'installer avec un chaudron et un sac.

A ce moment, le régisseur hurle :

— Ça y est ! Tout est en place pour le 4 : attention ! frappez !

On entend : Pa-pa-pa-pa-pa ! Pan !... Pan !... Pan !...

Le rideau se lève.

Tous les bonshommes noirs découvrent leurs chaudrons, d'où s'échappent des nuages de fumée, et l'on entend crier :

— Chauds ! chauds ! les marrons ! chauds !

Et au même instant, comme si une fée avait donné un coup de baguette circulaire dans la salle, tous les spectateurs se mettent à tousser si violemment, qu'on dirait qu'ils vont rendre l'âme...

Une flamme électrique éclaire l'affiche :

« *Avis aux personnes qui s'en vont de la poitrine.* »

Un corbillard traverse la scène au triple galop...

. . . .

— Quel est ce théâtre ?
Je serais incapable de le dire.

JEHAN SARRAZIN.

SONNET

Je voudrais, en groupant des souvenirs divers,
Imiter le concert de vos grâces mystiques.
J'y vois, par un soir d'or où valsent les moustiques,
La libellule bleue effleurant les joncs verts ;

J'y vois la brune amie à qui rêvait en vers
Celui qui fit le doux Cantique des cantiques ;
J'y vois ces yeux qui, dans des tableaux encaustiques,
Sont, depuis Cléopâtre, encore grands ouverts.

Mais, l'opulent contour de l'épaule ivoirine,
La courbe des trésors jumeaux de la poitrine,
Font contraste à ce frêle aspect aérien ;

Et, sur le charme pris aux splendeurs anciennes,
La jeunesse vivante a répandu les siennes
Auprès de qui cantique ou tableau ne sont rien.

CHARLES CROS.

L'AFFAIRE DE LA RUE COUSTOU

L'affaire de la rue Coustou!... Trois personnes empoisonnées! Horribles détails! clament les camelots, depuis avant-hier, dans tout Montmartre.

Voici les quelques renseignements que nous avons pu recueillir au cours d'une enquête faite par M. Ch. Chincholle chez le marchand de vins d'en face.

Au troisième étage de l'immeuble portant le n° 125 de la rue Coustou, vivait, depuis nombre d'années, une famille de cultivateurs en chambre que nous n'hésiterons pas une seconde à qualifier de vertueuse.

Cette famille se composait de M. Dupont, de sa femme, de son fils Valère, âgé de quinze ans, sans compter deux enfants en bas âge et en nourrice à Pont-Sainte-Maxence.

Lundi dernier, après dîner, M. Dupont, le père, ressentit de vives douleurs dans les entrailles; on eût dit qu'on lui introduisait dans les sinuosités des intestins, un fil de laiton rougi à blanc. Très courageux, il prétendit que ce n'était rien, et continua de vaquer à ses occupations. Le lendemain, sa femme se trouvait dans le même cas, et le surlendemain — qui était donc le mercredi — le jeune Valère, pris de coliques, se tordait à l'instar de ses parents.

Appelé en toute hâte, le médecin du propriétaire déclara aux membres de la famille Dupont qu'ils étaient bel et bien empoisonnés. Empoisonnés par une substance qu'il se réservait de leur désigner après leur autopsie définitive.

Ce n'étaient pas des champignons.

Ce n'était pas du vert-de-gris.

Qu'était-ce donc?

Vingt-quatre heures après, la famille Dupont expirait dans d'atroces convulsions. Et voici ce que la police découvrit.

Les Dupont avaient une bonne, une bonne à tout faire. Cette bonne, à côté d'autres qualités, était voleuse comme une nichée de pies. Pas un jour ne se passait sans qu'elle chipât à ses maîtres, aux voisins, à tout le quartier enfin, un objet qu'elle cachait ensuite, pour le dérober aux investigations des intéressés.

Et où les cachait-elle?

Elle les cachait dans son filtre, une fontaine en grès, monumentale!

De plus, cette servante infidèle professait un véritable culte pour les représentants de l'armée active. Jour et nuit, elle recevait dans son arrière-cuisine des militaires de toutes armes qui lui peignaient leur flamme pendant l'absence des maîtres.

Et pour conserver un souvenir de chacun de ses amoureux, elle leur soustrayait, après les avoir grisés de bourgogne et d'amour, une partie de leur équipement, principalement leur coiffure.

Ces accessoires guerriers allaient rejoindre leurs confrères civils dans le filtre!

C'était un excellent filtre qui n'eût pas demandé mieux que de filtrer honnêtement; mais, arrêté dans son élan par cet amas de friperies, il finit par rendre un liquide vicié, funeste à la santé de ses clients.

De là, l'intoxication des Dupont.

Quand on visita le filtre, on y trouva 2 plumeaux, 3 torchons, 4 boîtes de cirage (entamées), 7 vieux mouchoirs, une clarinette (!), 1 képi de fantassin, 1 shako d'artilleur et 1 casque de pompier.

Depuis longtemps la famille Dupont buvait sur cet ensemble hétérogène et malsain. Il n'est pas étonnant que sa santé ait fini par en être ébranlée.

La police est sur la trace des militaires, qu'elle retrouvera sans peine, grâce à leur numéro matricule. Quant à la bonne, elle a dit, pour sa défense, qu'elle ne croyait pas faire mal. L'affaire suit son cours.

Dernière heure. — L'empoisonnement de leurs parents n'a produit aucun effet sur les deux enfants en nourrice à Pont-Sainte-Maxence.

Virginie Lebeau.

SALADE JAPONAISE

C'est un fait avéré que Madame, fille du roi, jouant avec une de ses bonnes, regarda à sa main, et, après avoir compté ses doigts : « Comment! dit l'enfant avec surprise, vous avez cinq doigts aussi, comme moi ? » Et elle recompta pour s'en assurer.

—

M... disait, à propos de sottises ministérielles et ridicules : « Sans le gouvernement, on ne rirait plus en France. »

—

Milord Hervey, voyageant dans l'Italie et se trouvant non loin de la mer, traversa une lagune dans l'eau de laquelle il trempa son doigt : « Ah! ah! dit-il, l'eau est salée ; ceci est à nous. »

—

M. de Turenne, voyant un enfant passer derrière un cheval, de façon à pouvoir être estropié par une ruade, l'appela et lui dit : « Mon bel enfant, ne passez jamais derrière un cheval sans laisser entre lui et vous l'intervalle nécessaire pour que vous ne puissiez en être blessé. Je vous promets que cela ne vous fera pas faire une demi-lieue de plus dans le cours de votre vie entière ; et souvenez-vous que c'est M. de Turenne qui vous l'a dit. »

—

On demandait à Diderot quel homme était M. d'Epinai : « C'est un homme, dit-il, qui a mangé deux millions sans dire un bon mot et sans faire une bonne action. »

—

Une femme âgée de quatre-vingt-dix ans disait à M. de Fontenelle, âgé de quatre-vingt-quinze : « La mort nous a oubliés. — Chut! » lui répondit M. de Fontenelle, en mettant le doigt sur sa bouche.

Chamfort.

DIVAN JAPONAIS

75, rue des Martyrs

CONCERT TOUS LES SOIRS

PROGRAMME DE LA SOIRÉE

PROVANDIER
Le roi des imitateurs, dans ses créations nouvelles

La fameuse RENOVINA
Intermèdes excentriques

MIAH dans ses nombreuses transformations

Mme CLAUDIA
La Retraite aux flambeaux — La Marche des Saint-Cyriens — Mon p'tit lieutenant — Un ban, Messieurs
Polka des Amoureux— Le p'tit Conscrit — Les Mirlitons — Sous la pluie — Marche des Belles-Petites

CHARLUS
Chanteur comique, dans ses nouvelles créations
Le Troupier français — Le Tambour-major pompette — La Cantinière du 111° — Les Boulangers — La Gobinois
L'Huissier galant — Le Tableau du mariage — Le Père Eternel — Le terrible Méridional — Mister Barbe-Bleue
Les 4 Boiteuses — Lon-lon-la — Dugrognard — Le Troupier français

Mmes BLANCHE MATHÉ (Débuts)
La Demoiselle à Mme Thomas — Le Picton de Suresnes — Nini-Frétillon — Les Grelotteux
J'ai quéqu'chose de rigolo — J'ai des fourmis — En rev'nant de Nanterre

SCHMITT
Les Poules à Margot — Oh! la! la! — C'est un Ébénisse — Champagne-Margot
Le beau Tambour-major — Le vin de Beaune et de Nuits

NELLY DEMEAH
Toqué d'un gendarme — J'déménage au terme — La Japonaise — J'emporte la pendule — Les Courses d'Auteuil
La Revue — La Duchesse de Malaga — Mes 4 gommeux— La comtesse Paméliska — Le Colonel des Mascottes
Sur le bord de la Seine — La Petite du Conservatoire — Chut ! on vient (Grand succès)

MARCELLE FRANCE
Ripipi-Pompon — En faisant une Polka — La belle Carlotta — Rentrera, rentrera pas — Les Belles-Petites
La Marquise de Jupon-court — L'Adresse de Métella — La Tosca — C'est-y ça la Révision ?

MM. CLERVILLE
La P'tite flûte en goguette — L'Homme-vapeur — La Musique militaire — La Soupe des pioupious
Ce qu'il faut exposer — L'Atelier de lingères — J'en frais plutôt faire — Y en a pas des quantités
La Noce en plein vent — Les Ministres en voyage

MIRALLY (dans ses créations)
Un Doigt de clairet — Le curé Chambertin — A ta santé, soleil ! — Voisine, allons cueillir la fraise — Le Vin de Barsac
La Chanson des peupliers — Salut! soleil — Si tu veux, ma belle — Le Vin du Rhin

LANDAIS
Les Balandard — J'balanc' comme ça — La Marche des 13 jours — Marchons, ça ira — En r'venant d'Ménilmontant
Une Noce en Normandie — Ohé! Saturnin ! — C'est Ferdinand

CARMAN
Original-gommeux
Le Bouillon de la Capitaine — Pas comme ma sœur — Le Clou de Laripète — Le Sportsman — Les Omnibus
Refrain universel — Ma Famille — C'est elle, c'est moi — Flanelle et coton — La Légende du Potache — Anatole et Amanda
La Modiste — Les Surprises du divorce

MARCELIN
J'n'en vois pas l'utilité — Un amour de Carnaval — Mon Billet de faveur — La Rue d'la Lune

WOLNEY
Original-danseur
Aoh! le gigottement — Le Mousse en bordée — La Pirouette du mollet — Le Danseur malgré lui — Bibi-Torpille

Duos chantés par Mlles NELLY DEMEAH et MARCELLE FRANCE
Cocotte et Potache — Les Enfants de troupe — Paul et Virginie — Les Cocottes réformatrices — Le Jockey de Zaza
Rentrée de Mlle LOUISE DECOURCELLE (dans son répertoire)

Tous les soirs :

LE PUBLIC COMPÈRE
Revue ultra-fantaisiste, jouée par toute la troupe

LE PUBLIC du *Divan Japonais* — fameux dans le monde entier — est compère

GREAT ATTRACTION !

MATINÉES DIMANCHES ET FÊTES

SOUS-SOL DU DIVAN JAPONAIS
TOUS LES JOURS, DE 11 h. 1/2 A 2 HEURES
Vieilles chansons — Monologues — Excentricités

Aménagement spécial — Orchestre de 8 Musiciens sous la direction de M. DEMARQUOY

Le Gérant : JEHAN SARRAZIN.

Paris. — JEHAN SARRAZIN. imprimeur de la *Lanterne japonaise*
7, rue Bleue.

DEUXIÈME ANNÉE. — N° 15   **10** Centimes   SAMEDI 23 MARS 1889

LA LANTERNE
JAPONAISE

BUREAUX
75, Rue des Martyrs, 75

PARAISSANT LE SAMEDI
Directeur: **JEHAN SARRAZIN**

ABONNEMENTS
1 an, 7 fr. — 6 mois, 4 fr

AU SKATING DU PALAIS-D'HIVER
Les reines du patin à roulettes.

RESTAURANT SPIRITUEL

Dans cette boutique, on aperçoit toujours les mêmes visages autour d'une longue table couverte de papiers ; près de la porte se trouve une machine de bronze dans laquelle on peut déposer des parapluies ; au fond de la pièce, il y a un poêle ronfleur autour duquel rôde continuellement un chat ventru.

Contre la vitrine, dans un petit comptoir, un monsieur qui paraît avoir la jaunisse examine curieusement un répertoire.

Chaque fois qu'il entre un nouveau venu, ce monsieur fait un signe de tête ; on dirait un *proche parent* qui salue les invités réunis à la *maison mortuaire*.

Ici, c'est un restaurant spirituel.

Pour 25 centimes on peut se gaver de littératures diverses, on peut, durant toute la journée, rester à l'abri de la bise et de l'eau glacée ; tous les samedis, au départ, on a droit à un sourire du patron, parce que l'établissement ferme le dimanche ; on peut exiger également quelques caresses du matou, et lorsque la porte du fond s'entr'ouvre, on est libre de respirer l'odeur de fricot qui s'échappe !

C'est ici que viennent se blottir les lettrés qui n'ont pas le sou pour manger et ne savent où aller pour ne pas être gelés.

Un à un, ils feuillettent tous les journaux étalés sur la table, depuis le *Petit Journal* jusqu'au *Droit*, et depuis le *Libre Anarchiste* jusqu'au *Figaro*. Et, comme si quelque mauvais génie guidait leur regard, leurs yeux tombent toujours sur ceci :

Menu du jour : *Potage Chantilly. Filet de chevreuil à la Marie-Antoinette. Civet Gustave-Adolphe. Camembert des Princes*, etc.

Une autre feuille leur apprend que de grandes bourrasques sont annoncées et que le thermomètre de l'ingénieur Cacolet est descendu à 28 degrés au-dessous de zéro.

Alors, ils lèvent les yeux vers les patères, et comme ils n'y aperçoivent pas leurs pardessus, ils courbent tristement la tête pour lire quelque autre

entrefile où il est question *d'un infortuné mort de faim et de froid la nuit dernière...*

... et dont le corps a été déposé à la Morgue.

JEHAN SARRAZIN.

LA CHANSON DE LA PERDRIX GRISE

La chanson de la perdrix grise
Ou la complainte des grillons,
C'est la musique des sillons
Que j'ai toujours si bien comprise.

Sous l'azur, dans l'air qui me grise,
Se mêle au vol des papillons
La chanson de la perdrix grise
Ou la complainte des grillons.

Et l'ennui qui me martyrise
Me darde en vain ses aiguillons,
Puisque à l'abri des chauds rayons
J'entends sur l'aile de la brise
La chanson de la perdrix grise.

MAURICE ROLLINAT.

NOCES D'ARGENT

D'aussi loin que je me souvienne (ne t'en va pas, joli lecteur, ce n'est point un roman psychologique que je te commence là), monsieur Veulinet a toujours donné les marques du plus affligeant gâtisme.

La première fois que l'image de son incohérente personne se réfléchit sur ma rétine de morveux, j'étais en pénitence sur le palier, pour m'être livré, en l'absence du pharmacien et de compte à demi avec mon âme damnée Rachidien Tesniat, le propre neveu de ce notable commerçant, à un léger *five o'clock* de biscuits laxatifs arrosés de vin antiscorbutique et suivis de quelques cigarettes d'Abyssinie, ce qui avait amené de notables perturbations dans mes fonctions digestives.

Je me faisais vieux sur mon palier. Ma conscience et mes entrailles me reprochaient durement mes excès de jeune viveur, lorsque éclata dans l'escalier un soudain chabanais, et je vis passer devant moi, ventre à terre, un énorme poussah agrémenté d'un complet équipement de pêcheur — canne, épuisette, panier et pliant — beuglant comme quelques veaux et essuyant ses larmes avec une boîte en fer-blanc apparemment destinée à contenir l'asticot obreptice.

Une femme le poursuivait, l'accablant d'injures et de claques sur les fesses. J'entendis, non sans émoi, qu'il serait privé de crème au chocolat et n'irait point voir passer « ça qu'est beau ».

C'était monsieur Veulinet qui avait profité de l'absence de sa bonne pour se payer une petite partie de pêche. Il avait déjà amorcé avec de la mie de pain et, assis sur son pliant, suivant avec recueillement les tressauts du flotteur, il trempait du fil dans le ruisseau de la rue des Moines, quand l'implacable souillon l'avait arraché à sa voluptueuse contemplation.

Ma mère nous prédit à Rachidien et à moi, qu'un pareil ramollissement — fruit ordinaire d'une précoce débauche — nous ferait ballotter la cervelle si nous ne renoncions à notre vie de bâtons de chaises. Cette prophétie nous fit une profonde impression et, de ce jour, nous ne bûmes plus que la fine de l'auteur supposé de mes jours et ne fumâmes que les avunculaires salivadorès du père Tesniat.

Il me fut donné, quelque temps après, d'assister aux noces d'argent de monsieur et madame Veulinet. Dès le matin on peigna monsieur, on le ponça, on le rinça, série d'opérations qui d'ordinaire le plongeaient dans une profonde affliction ; mais un cousin éloigné ayant consenti, durant ce petit lever, à exécuter une fantaisiste cachucha, ça se passa très bien. Quand il fut en costume d'apparat avec une belle chemise à jabot d'une blancheur éblouissante, nous partîmes pour l'église, et afin de l'empêcher de se pencher par la portière pour tirer le fouet du cocher ou de talonner en trépignant les orteils des amis — inévitables manifestations de sa joie à se voir ainsi véhiculé — on lui confia des dominos avec lesquels il se gagna trois parties normandes ; après quoi, il les jeta délibérément dans la rue en nous faisant observer, les larmes aux yeux, que les petits oiseaux n'avaient pas toujours de quoi manger.

Jusque-là, ça allait bien ; mais, hélas ! il était écrit que cette belle journée ne finirait pas sans encombre.

Pendant que le curé appelait les bénédictions du ciel sur un couple si bien uni, voilà que le plus funeste parfum se répandit dans l'église ; bientôt le doute ne fut plus possible : le pauvre Veulinet, trouvant le temps long, avait eu des distractions dans son haut-de-chausses ! Le curé, dégoûté, refusa de continuer la cérémonie, et, tandis qu'on éteignait les cierges, madame Veulinet emmena le coupable qui, « se sentant morveux », et redoutant quelque terrible punition, se faisait traîner et laissait derrière lui de flagrants stigmates de son crime.

Et c'est ainsi qu'un deuil inopiné assombrit la candeur d'une si douce fête !

RAPHAEL CHOUMARD.

SALADE JAPONAISE

Un homme buvait à table d'excellent vin, sans le louer. Le maître de la maison lui en fit servir de très médiocre. « Voilà du bon vin, dit le buveur silencieux. — C'est du vin à dix sous, dit le maître, et l'autre est un vin des dieux. — Je le sais, reprit le convive ; aussi ne l'ai-je pas loué : c'est celui-ci qui a besoin de recommandation. »

—

On disait à Delon, médecin mesmériste : « Eh bien ! M. de B... est mort, malgré la promesse que vous aviez faite de le guérir. — Vous avez, dit-il, été absent, vous n'avez pas suivi les progrès de la cure : il est mort guéri. »

—

Un médecin de village allait visiter un malade au village prochain. Il prit avec lui un fusil pour chasser en chemin et se désennuyer. Un paysan le rencontra et lui demanda où il allait : « Voir un malade. — Avez-vous peur de le manquer ? »

—

Une femme était à une représentation de *Mérope*, et ne pleurait point ; on était surpris : « Je pleurerais bien, dit-elle ; mais je dois souper en ville. »

CHAMFORT.

M. Erik Satie, compositeur de musique, reçoit la lettre suivante qu'il nous prie d'insérer :

Précigny-les-Balayettes, 10 février 1889.

« Monsieur,

« Depuis 8 ans, je souffrais d'un polype dans le nez, compliqué d'une affection du foie et de douleurs rhumatismales.

A l'audition de vos *Ogives*, un mieux sensible s'est manifesté dans mon état ; quatre ou cinq applications de votre *Troisième Gymnopédie* m'ont radicalement guérie.

Je vous autorise, Monsieur Erik Satie, à faire de cette attestation l'usage qu'il vous plaira.

En attendant, acceptez les remerciements de votre reconnaissante

Femme Lengrenage,
Journalière à Précigny-les-Balayettes. »

Quant à nous, notre opinion sur M. Erik Satie, que nous n'avons pas personnellement l'honneur de connaître, se résume en quatre mots : C'est un rude lapin !

VIRGINIE LEBEAU.

LE FIFRE

Par *J.-L. FORAIN*, paraît tous les vendredis.

LA REVUE ILLUSTRÉE

Publie chaque quinzaine un dessin de J.-L. FORAIN gravé par FLORIAN.

DIVAN JAPONAIS

75, rue des Martyrs

CONCERT TOUS LES SOIRS

PROGRAMME DE LA SOIRÉE

VAL-DEJAUX
Danseur espagnol
Le Danseur castillan (création) — Les Danses espagnoles — Passe-Partout — Le Danseur andalou

Mme RAMY
Chanteuse de genre
Boccace — Martha — Le Pré-aux-Clercs — Le Chalet — Les Noces de Jeannette

Mme CLAUDIA
La Marche des amours — Marche russe — La Marche française — La Retraite aux flambeaux — Le p'tit Conscri
La Marche des Saint-Cyriens — Les Mirlitons — Sous la pluie — Marche des Belles-Petites

MIAH dans ses nombreux monologues
Barbasson — Cré non de non ! — La Crémaillère — La Chemise — Le Hanneton, etc.

CHARLUS
Chanteur comique, dans ses nouvelles créations
Ça s'est toujours passé comm' ça — Madame et Monsieur — Un tour de valse — La Valise — Le Jugement dernier
Le Troupier français — Les Boulangers — La Gobinois — L'Huissier galant
Le Père Eternel — Mister Barbe-Bleue — Les 4 Boiteuses — Lon-lon-la — Dugrognard

Mmes YEDDA
Des concerts de Yokohama, dans son répertoire.

BOUQUEREL
Le Tambour-major pompette — A Perpignan — Oh ! papa ! — La Soupe des pioupious
Le Régiment des cocottes — Tonton-lariton

NELLY DEMEAH
La comtesse de Beaumanoir — Fanfan — Les 28 jours d'un oiseau — Par-dessus les moulins — Toqué d'un gendarme
J'déménage au terme — La Japonaise — J'emporte la pendule — Les Courses d'Auteuil — La Revue
La Duchesse de Malaga — La comtesse Paméliska — La Petite du Conservatoire — Chut ! on vient (Grand succès)

MARCELLE FRANCE
J'm'appelle Inès — Mam'zelle Tabac — Le Loup — En lançant c'coup d'œil-là — Ripipi-Pompon — La Tosca
Rentrera, rentrera pas — L'Adresse de Métella — C'est-y ça la Révision ?

MM. CLERVILLE
Flanelle et coton — Faut mettre ça sur l'addition — La P'tite flûte en goguette — L'Homme-vapeur
La Musique militaire — La Soupe des pioupious — Ce qu'il faut exposer — Y en a pas des quantités
J'en frais plutôt faire — Les Ministres en voyage

MIRALLY (dans ses créations)
Buvons aux femmes de France — Le sergent Blandan — Un Doigt de clairet — Le curé Chambertin
A ta santé, soleil ! — Le Vin de Marsala — La Chanson des peupliers — Si tu veux, ma belle — Le Vin du Rhin

LANDAIS
La Boîte au lait — Pied de céleri — La Noce de mon cousin — La Marche des 13 jours — Marchons, ça ira
Une Noce en Normandie — Ohé ! Saturnin ! — C'est Ferdinand — Comment vas-tu, ma vieille ?

CARMAN
Original-gommeux
Mon Billet de faveur — Y en a pas des masses — Les Collégiens à cheval — Gobino-Gobiné — Y n'a pas d'Panama
Pas comme ma sœur — Refrain universel — Ma Famille — C'est elle, c'est moi — Flanelle et coton — Anatole et Amanda
La Légende du Potache — La Modiste — Les Surprises du divorce

Duos chantés par Mlles NELLY DEMEAH et MARCELLE FRANCE
Cocotte et Potache — Les Enfants de troupe — Paul et Virginie — Les Cocottes réformatrices — Le Jockey de Zaza

Tous les soirs :

LE MOULIN DE LA GALETTE
Vaudeville en 1 acte de MM. A. ALLAIS et Jehan SARRAZIN
Musique de M. DEMARQUOY

Bidouille . . . . MM. CLERVILLE	Léona de Chauffenville . . . . Mmes RAMY
Alfred . . . . MIAH	Marthe . . . . CLAUDIA
Gaston . . . . VAL-DEJAUX		

MATINÉES DIMANCHES ET FÊTES

SOUS-SOL DU DIVAN JAPONAIS
TOUS LES JOURS, DE 11 h. 1/2 A 2 HEURES
Vieilles chansons — Monologues — Excentricités

Aménagement spécial — Orchestre de 8 Musiciens sous la direction de M. DEMARQUOY

Le Gérant : JEHAN S.

Paris. — JEHAN SARRAZIN, imprimeur de la Lanterne
7, rue Bleue

DEUXIÈME ANNÉE. — N° 16   10 Centimes   SAMEDI 20 AVRIL 1889

LA LANTERNE
JAPONAISE

BUREAUX
75, Rue des Martyrs, 75

PARAISSANT LE SAMEDI
Directeur : **JEHAN SARRAZIN**

ABONNEMENTS
1 an, 7 fr. — 6 mois, 4 fr.

Bois frissonnants, ciel étoilé
Mon bien-aimé s'en est allé,
Emportant mon cœur désolé !

(Charles Cros. — *Nocturne*).

NOCTURNE

Bois frissonnants, ciel étoilé,
Mon bien-aimé s'en est allé,
Emportant mon cœur désolé !

Vents, que vos plaintives rumeurs,
Que vos chants, rossignols charmeurs,
Aillent lui dire que je meurs !

Le premier jour qu'il vint ici,
Mon âme fut à sa merci.
De fierté, je n'eus plus souci.

Mes regards étaient pleins d'aveux.
Il me prit dans ses bras nerveux
Et me baisa près des cheveux.

J'en eus un grand frémissement ;
Et puis, je ne sais plus comment
Il est devenu mon amant,

Et, bien qu'il me fût inconnu,
Je l'ai pressé sur mon sein nu
Quand dans ma chambre il est venu.

Je lui disais : « Tu m'aimeras
Aussi longtemps que tu pourras ! »
Je ne dormais bien qu'en ses bras.

Mais lui, sentant son cœur éteint,
S'en est allé l'autre matin,
Sans moi, dans un pays lointain.

Puisque je n'ai plus mon ami,
Je mourrai dans l'étang, parmi
Les fleurs, sous le flot endormi.

Au bruit du feuillage et des eaux,
Je dirai ma peine aux oiseaux
Et j'écarterai les roseaux.

Sur le bord arrêtée, au vent
Je dirai son nom, en rêvant
Que là je l'attendis souvent.

Et comme en un linceul doré,
Dans mes cheveux défaits, au gré
Du flot je m'abandonnerai.

Les bonheurs passés verseront
Leur douce lueur sur mon front ;
Et les joncs verts m'enlaceront.

Et mon cœur croira, frémissant
Sous l'enlacement caressant,
Subir l'étreinte de l'absent.

Que mon dernier souffle, emporté
Dans les parfums du vent d'été,
Soit un soupir de volupté !

Qu'il vole, papillon charmé
Par l'attrait des brises de mai,
Sur les lèvres du bien-aimé !

CHARLES CROS.

COLIN-MAILLARD

Le poète Carmental et le peintre Louvel étant allés passer la journée à la campagne avec cette petite toquée de Nini-Saute-Ruisseau, ils déjeunèrent fort gaiement à l'auberge du *Lion d'Or*.

La table avait été mise sous les cerisiers en fleurs et le repas fut des plus animés. Jamais poulet n'avait été plus tendre du reste, et jamais omelette plus parfumée.

Le café pris, les propos grivois adressés à la servante et la cigarette fumée, nos trois bons camarades s'en furent au bois dans le but fort louable d'y cueillir une cargaison de muguets et de violettes.

Mais à peine avaient-ils fait cent pas sous les feuilles qu'ils parurent possédés du diable.

Au mépris de toute pudeur, Nini-Saute-Ruisseau se roulait sur la mousse ainsi qu'une chevrette en délire.

De leur côté Carmental et Louvel avaient chacun une confidence fort sérieuse à faire à leur amie — confidence excluant toute espèce de témoin — et certes une querelle allait éclater à ce sujet lorsque l'ingénieuse Nini intervint.

— C'est bien simple, fit-elle de sa petite voix chantonnante ; vous avez tous les deux un secret à me dire et vous voulez me le confier en tête-à-tête, au plus profond du bois ? Eh bien ! bandez-moi les yeux ! nous allons jouer cela à colin-maillard, et je donnerai audience à celui que j'attraperai.

— C'est entendu ! firent les deux bons drilles.

Et l'on banda les yeux à la petite folle.

Mais vous voyez d'ici la mine navrée de Carmental, lorsque, ayant saisi le peintre par sa manche, Nini se mit à crier :

— Louvel ! Louvel ! je tiens Louvel !

Les deux partenaires étaient loyaux et ce qui avait

été convenu fut fait : Louvel emmena Nini-Saute-Ruisseau afin de mieux lui conter son histoire.

Ils ne reparurent qu'au bout d'un quart d'heure. Nini était toute rouge et toute déchevelée.

Alors, franchissant d'un bond la clairière, elle remit son mouchoir sur ses yeux, et se précipitant sur le poète, elle cria :

— Carmental ! Carmental ! c'est Carmental que je tiens !

Et, riant aux éclats, elle l'entraîna dans les taillis avant qu'il eût eu le temps de se remettre.

C'est ainsi que tout le monde fut content et qu'il n'y eut pas de jaloux.

JEHAN SARRAZIN.

ULTIMATUM

Je n'écrirai pas de choses étranges ;
Le plus pur bon sens dictera mes vers.
J'aurai l'heur de voir dans les cieux ouverts
Saint Schopenhauer entre deux archanges.

Je célébrerai l'enfant dans ses langes,
Le licite amour sans désirs pervers, —
Non sans flageller nos petits travers,
Ce dessus du pot des humaines fanges.

Et l'Académie, à ses jours de fêtes,
De ses lauriers peints ornera ma tête.
Mânes de Delille, esbaudissez-vous !

A moins que, rebelle enfin désarmée,
Tu ne veuilles, en ta chambre embaumée,
Me laisser baiser tes mains, à genoux.

ALBERT TINCHANT.

LA VIE

PIPI, JOUJOU, GAGA, DODO

A mon ami Dareste.

Parce qu'au fond des armoires l'enfant a vu les crèmes et les gâteaux, les confitures et les gelées, il tend vers ces friandises ses menottes potelées. Puis, longtemps encore il mange, il boit, et son ventre s'arrondit, tel celui d'un oiselet goulu dans le nid sali.

Pipi.

Oh ! les petites femmes qui rient et chantent dans les claires matinées de printemps ! Des femmes et des fleurs, des roses et des jolies filles. Le jeune homme lève ses yeux ingénus vers elles, puis sentant en lui un trouble immense, il les aime toutes : les brunes dont l'amour tue, les blondes aussitôt prises aussitôt fanées, les châtaignes, ces futures bourgeoises du pot-au-feu, les rouges que guette la phtisie, les négresses aux mamelles en poire. L'homme longtemps s'amuse avec.

Joujou.

Il les a tant aimées, les belles créatures, qu'il sent dans ses moelles de lancinantes douleurs. Ataxie et détraquement. La volupté troublante boute encore en lui des désirs fous pendant les nuits sans sommeil, mais le vieillard vidé ne connaîtra plus les joies de l'intime possession. Voilà-t-il pas que dans ses rêves érotiques défilent les anciennes avec leurs cheveux dénoués, et le pauvre invalide des combats d'amour sombre dans le gouffre de la nuit intellectuelle.

Gaga.

Plus de soleil et plus de fleurs ; la nuit tombe lentement sur son intelligence finie. Sous les pommiers fleuris s'égarent les amoureux, et sur la face ridée de l'aïeul passe encore parfois un sourire au souvenir du passé, mais la mort fermera bientôt ces yeux qui ne savent plus voir, ces lèvres qui ne peuvent plus aimer.

Puis, sous la terre il dormira d'un sommeil dont on ne se réveille jamais, mais son corps donnera les ferments qui feront pousser plus vives les fleurs immortelles de l'amour.

Dodo.

MARCEL BAILLIOT.

SOLEILLÉE

J'ai trouvé ce matin le soleil dans ma chambre.

Les rideaux avaient bien dit : « On ne passe pas ! Vous allez la réveiller... » Mais le soleil a répondu : « Laissez donc ! Je la connais... Je vous dis que c'est urgent... Il faut absolument que je la voie ! » Et il est entré.

Le soleil était partout. Il s'était accroché aux cadres des tableaux, aux angles des meubles, aux étoffes appendues, aux flambeaux et aux brimborions de l'étagère. Il avait habillé les statuettes de vermeil et noyé le miroir de lumière. Il s'était glissé jusque dans le satin de ma courtepointe......

Je me suis levée, et il rendait ma chemise si transparente, que je crus n'en pas avoir. Et il rendait ma peau si douce, que j'avais envie de la baiser.....

Je me suis lavée et il s'est joué dans l'eau claire, la transformant en une corbeillée de diamants. Je me suis peignée et j'ai cru que je caressais la chevelure d'une comète.

LA LANTERNE JAPONAISE

Je me suis assise à la fenêtre, ma broderie entre les mains, mais l'aiguille ne marchait pas. Il me semblait qu'on m'embrassait sur le front, sur les joues, sur les lèvres et dans le cou, parmi les cheveux frisés.

Et peu à peu une chaleur très douce m'a envahie ; j'ai entendu une chanson, je ne sais plus laquelle, dont le refrain me berçait lentement ; et je suis restée là, les yeux à demi fermés, presque pâmée, la tête tendue vers le grand astre rutilant.

J'ai trouvé ce matin le soleil dans mon cœur.

JEHAN SARRAZIN.

LE DIVAN JAPONAIS

Paroles et musique de XANROF

Depuis que Sarrazin Jehan
Dirig' le concert du Divan,   } bis
Un' troup' d'élite en brûl' les planches
Et ses voisins pass'nt des nuits blanches !
    Ah ! ah ! quel chabanais
    On fait au Divan Japonais !

Chaque jour c'est plein de clients,
De calicots, d'étudiants,   } bis
De p'tit's femm's à l'abord facile,
— Et, de plus, — y a pas d'sergents d'ville !
    Ah ! ah ! quel chabanais
    On fait au Divan Japonais !

Pendant le Carême surtout
Je l'recommande aux gens de goût,   } bis
Car au Divan on trouv' la preuve
Que Montmartre vaut l'banc d'Terr' Neuve.
    Ah ! ah ! quel chabanais
    On fait au Divan Japonais !

Des musiciens pleins d'espoir
Font d'la musiqu' de chambr' le soir :   } bis
Comm' de la Chambre l'harmonie
En est sévèrement bannie,
    Ah ! ah ! quel chabanais
    On fait au Divan Japonais !

Quand la Diva chante un couplet
Que la censure élaguerait,   } bis
L'public, de peur qu'ell' ne rougisse,
Couvre d'ses cris la voix d'l'actrice.
    Ah ! ah ! quel chabanais
    On fait au Divan Japonais !

Si vous ne voulez pas me *croir'*,
Vous n'avez qu'à y aller pour voir ;   } bis
Comme moi, devant ses merveilles,
Vous direz, bouchant vos oreilles :
    Ah ! ah ! quel chabanais
    On fait au Divan Japonais !

XANROF.

M. Xanrof, l'auteur du *Fiacre*, vient de faire rééditer *Rive gauche*, volume de chansons d'Étudiants qui contient notamment : *l'Oraison funèbre*, *l'Hôtel du Nº 3*, etc. avec la musique. En vente au Divan Japonais, 1 fr. au lieu de 1 fr. 50.

En vente aux bureaux de la LANTERNE JAPONAISE : *Histoires folichonnes*, le dernier volume de Jehan Sarrazin.

La collection de la *Lanterne Japonaise* est en vente aux bureaux du journal, 75, rue des Martyrs.

LE FIFRE

Par *J.-L. FORAIN*, paraît tous les vendredis.

LA REVUE ILLUSTRÉE

Publie chaque quinzaine un dessin de J.-L. FORAIN gravé par FLORIAN.

GRENINGAIRE

COLORISTE

Coloris en tous genres pour journaux et publications illustrées
37, rue Galande

CH. DECAUX

PHOTOGRAVURE

Phototypie — Taille-douce
33, rue Delambre

PONS

TAILLEUR DU HIGH-LIFE
17, rue Montmartre

Haute nouveauté anglaise — Facilités de paiement

HYDROTHÉRAPIE

BAINS SAINT-VINCENT DE PAUL
151, faub. Poissonnière

Gymnastique — Escrime

DIVAN JAPONAIS

75, rue des Martyrs
Tous les soirs concert
De 11 heures à minuit, concert dans le sous-sol

Le Gérant : JEHAN SARRAZIN.

Paris. — JEHAN SARRAZIN, imprimeur de la *Lanterne japonaise*.
[89-373]   7, rue Bleue